LE

# VIGNOLE DES ARCHITECTES

ET

## DES ÉLÈVES EN ARCHITECTURE

---

SECONDE PARTIE

---

## OUVRAGES DE L'AUTEUR QUI SE TROUVENT A LA MÊME ADRESSE

**Recueil varié de Plans et de Façades,** *Motifs pour des Maisons de ville et de campagne, des Monuments et des Établissements publics et particuliers.* Ces plans sont au nombre de 155, format in-folio, 65 planches, y compris dix frontispices composés d'ornements et précédés d'un texte explicatif pour chaque plan. 2ᵉ *édition.*

**Nouveau Parallèle des Ordres d'Architecture** *des Grecs, des Romains et des auteurs modernes.* 63 planches et deux frontispices, précédés d'un texte explicatif pour chaque planche, format in-folio. 2ᵉ *édition.*

**Le Vignole des Ouvriers,** *première partie,* ou *Méthode facile pour tracer les cinq Ordres d'Architecture,* donner les proportions convenables aux portes, croisées et arcades de différents genres, etc., à l'usage de tous les états qui ont rapport à l'art de bâtir. A la suite des Ordres sont gravés plusieurs projets de maisons, plans, façades et coupes, depuis la plus simple jusqu'à celle du particulier le plus aisé. 34 planches et un frontispice composé des cinq Ordres, format in-4°, précédé d'un texte explicatif pour chaque planche.

**Le Vignole des Ouvriers,** *seconde partie.* Cet ouvrage contient un précis du relevé des terrains et de celui des plans de maisons, suivi de tous les détails relatifs à la construction des bâtiments, tels que la taille des pierres, la maçonnerie, la charpente, la menuiserie, la serrurerie, la marbrerie, le carrelage et le treillage. Le texte offre les moyens d'appliquer tous les détails en particulier, et quelques remarques sur chaque genre d'ouvrage. 36 planches, format in-4°.

**Le Vignole des Ouvriers,** *troisième partie.* Cette partie contient les Plans, les Élévations et les Coupes de vingt-quatre projets de Maisons d'habitations particulières et de Maisons à loyer, dont plusieurs avec leurs différents étages; les détails, sur une plus grande échelle, pour les Entablements et simples Corniches, et quelques motifs de décorations intérieures par les Coupes. Ces projets sont composés, les uns sur des terrains réguliers, isolés, ou entre murs mitoyens; d'autres sur des terrains irréguliers, parmi lesquels plusieurs sont situés entre deux rues, et présentent des galeries ou passages de communication de l'une à l'autre, et quelques-uns pour des maisons de commerce. On y a joint quelques intentions de façades, de cazins et de villa de Rome et de ses environs. L'ouvrage est terminé par une idée des passages principaux de Paris, ainsi que de quelques décorations de boutiques. 50 planches format in-4°, précédées d'un texte explicatif pour chaque planche.

**Le Vignole des Ouvriers,** *quatrième partie.* Cette partie est spécialement consacrée aux escaliers. Elle traite de leur construction en charpente et en menuiserie; elle présente les Plans, les Élévations, les Coupes de plus de trente escaliers différents de formes, tels que les escaliers carrés, oblongs, à bases triangulaires, circulaires simples de grandes et petites dimensions, circulaires à doubles rampes, en fer à cheval, ovale à rampes opposées, construits sur limons, sur crémaillère ou à l'anglaise, leurs différentes coupes et développements particuliers, leurs épures ou ételons, etc., précédés du texte et de détails pour les diverses sortes de constructions des emmarchements. 30 planches.

**Le Vignole des Architectes et des Élèves en architecture,** *première partie,* ou *Nouvelle Traduction des règles des cinq Ordres d'Architecture de Jacques Barozzio de Vignole,* augmentée de remarques servant à développer plusieurs parties de détails trop succincts dans le texte original; suivie d'une *Méthode abrégée du Traité des ombres dans l'architecture.* Ouvrage composé de 36 planches in-4° gravées au trait pour *le Vignole,* et de 6 planches ombrées pour *le Tracé des ombres dans l'architecture.*

**Le Vignole des Architectes et des Élèves en architecture,** *seconde partie,* contenant des détails relatifs à l'ornementation des cinq Ordres d'architecture.

**Parallèle de diverses méthodes du dessin de la perspective,** *d'après les auteurs anciens et modernes.* Ce Parallèle élémentaire et pratique est divisé en neuf parties. Chacune des parties est enseignée par une méthode différente; et par leur rapprochement on voit que, dérivant du même principe géométrique, elles donnent toutes le même résultat.

Cette diversité de méthode, intéressante et instructive, est applicable à l'enseignement de cette science dans toutes les écoles où l'on professe l'art du dessin. L'ouvrage se compose de 78 planches.

**Le Guide de l'Ornemaniste,** ou *de l'Ornement pour la décoration des Bâtiments,* tels que frises, arabesques, panneaux, rosaces, candélabres, vases, etc.; gravé au trait et précédé d'un texte. 36 planches, format in-folio.

# LE VIGNOLE
# DES ARCHITECTES
ET
## DES ÉLÈVES EN ARCHITECTURE

**SECONDE PARTIE**

CONTENANT DES DÉTAILS RELATIFS A L'ORNEMENT
## DES CINQ ORDRES D'ARCHITECTURE

TELS QUE LA MANIÈRE DE RELEVER LES CAISSONS CARRÉS, OCTOGNES, LOSANGES ET HEXAGONES, POUR LES VOUTES EN BERCEAUX
POUR CELLES CIRCULAIRES EN FORME DE DÔME OU DE COUPOLE, POUR LES VOUTES D'ARÊTE, ETC.,
DES DÉTAILS DE DIVERS GENRES DE CAISSONS IMITÉS DES MONUMENTS ANTIQUES, ARCS DOUBLEAUX, FRISES, BANDEAUX,
ORNEMENTS DE MOULURES, ET PLUSIEURS MODÈLES DE PLAFONDS,
SUIVIS DE PROPORTIONS RELATIVES POUR LES GALERIES, LES ROTONDES, ETC.,
DE DIVERS ENSEMBLES DE PLANS D'ÉLÉVATIONS ET DE COUPES QUI EN FONT CONNAÎTRE L'APPLICATION,
ET DE QUELQUES PROJETS D'ÉDIFICES DESTINÉS A EN INDIQUER LA RÉUNION.

### PAR CHARLES NORMAND

ARCHITECTE, ANCIEN PENSIONNAIRE A L'ACADÉMIE DE FRANCE A ROME

OUVRAGE COMPOSÉ DE 36 PLANCHES GRAVÉES AU TRAIT

TROISIÈME ÉDITION

A PARIS
CHEZ E. LACROIX, QUAI MALAQUAIS, 15, ANCIENNE MAISON MATHIAS.

# INTRODUCTION

Les progrès des élèves, en Architecture comme en toute autre étude, sont plus ou moins rapides, en raison de la méthode et de la clarté des principes qui leur ont été donnés. On les voit souvent se traîner, pour ainsi dire, sur des modèles ou trop détaillés, ou exécutés quelquefois sans la précision qui est la première base de l'Architecture. Comme ils ne sont pas encore familiarisés avec les ornements de détails et la correction dans les profils, ils se trouvent souvent arrêtés sans pouvoir se rendre compte des obstacles qu'ils rencontrent, et parfois le peu de satisfaction qu'ils retirent des peines qu'ils se sont données amène, sinon le dégoût, au moins cette lenteur si nuisible aux progrès de leurs études, et qu'une bonne direction aurait prévenue. Ainsi, le premier devoir de quiconque aspire à former d'habiles élèves dans cet art, est de mettre sous leurs yeux des modèles tellement réguliers dans leur ensemble, qu'ils n'aient plus qu'à les suivre. Alors, en même temps qu'ils s'habituent à la précision, ils se forment plus aisément que s'ils s'exerçaient sur des choses faites seulement avec goût, produit d'une main facile et d'une grande habitude du dessin. L'élève ne veut point être étourdi par les modèles qu'on lui présente; il lui faut des figures simples mais exactes. D'abord le trait, puis le lavis[1], qu'il faut commencer par de grands détails pour mieux en sentir les effets, que l'on réduit ensuite avec plus de facilité et de sentiment.

Mais, sans étendre plus loin ces réflexions, je dois compte des motifs qui m'ont déterminé à entreprendre et à publier cette seconde partie, destinée à faire suite à la traduction des cinq Ordres d'Architecture de J. B. de Vignole, que j'ai déjà mise au jour.

Vignole, comme on a pu le voir, a orné convenablement ses Ordres d'Architecture, et chacun conformément au caractère qui lui est propre. Tout en suivant ses modèles,

---

1. Voyez le *Vignole des Architectes*, pour le principe du tracé des ombres dans l'architecture.

## INTRODUCTION.

il a su éviter la confusion et adopter un juste milieu. Il a indiqué pour l'ornement des talons, des rais-de-cœur, des arquettes et des feuilles de refend, et montré où et comment, suivant la grandeur des moulures, ces ornements peuvent être employés le plus avantageusement. Aux quarts de rond, il a assigné des oves, variés de même suivant la richesse de l'Ordre. Ensuite il a orné les cavets de feuilles de refend, de canaux, ou de roses encadrées dans des culots; enfin des fusarolles, des amandes et des perles sont l'ornement pour les baguettes, les astragales, etc.

Mais comme ces ornements ont été enrichis de détails sans aucune altération de leur forme primitive, et qu'on les emploie pour toutes les moulures, qui, bien qu'elles tiennent de celles des Ordres, forment cependant pour la décoration mille encadrements divers auxquels tous ces détails sont applicables, j'ai cru qu'il serait utile d'en offrir quelques exemples. Les monuments anciens nous en présentent beaucoup; j'en ai choisi quelques-uns; j'ai formé des ensembles de plusieurs autres, et réduit le tout en principe, autant et le plus brièvement qu'il m'a été possible, car je n'ai pu, pour ainsi dire, qu'effleurer chaque chose et en désigner la place, laissant à l'imagination formée par l'exercice le soin de la remplir au moyen de nouvelles combinaisons.

Lorsqu'une fois l'élève est familiarisé avec les Ordres d'Architecture, qu'il les a bien dessinés, bien conçus, qu'il les possède enfin, et qu'ensuite, pour s'essayer, comme je le lui ai indiqué dans la première partie[1], il les a appliqués à la décoration de quelque façade de temple ou de palais, il veut les employer pour orner des intérieurs. Il cherche d'abord un plan simple[2] qui puisse dériver de son élévation. Mais après avoir conçu la coupe de ce petit édifice, il faut l'orner. Déjà les colonnes sont élevées, elles sont couronnées par leur entablement; s'il recouvre la pièce d'une voûte à plein cintre, la moitié de sa largeur lui en aura donné l'élévation. Il faut ensuite orner cette voûte : les caissons sont le premier ornement qui se présente à son idée, et la planche 1re de ce volume lui en offre deux exemples. Suivant l'importance de sa destination, si cette voûte exige dans sa décoration un certain degré de richesse ou d'élégance, la planche 6 lui en présente une troisième qu'il peut y rapporter; et comme les idées s'enchaînent et se combinent l'une par l'autre, j'ai dû prévoir, dans les planches suivantes, jusqu'où cet enchaînement pourrait conduire l'élève, afin de soutenir ses premiers pas dans l'étude des détails et des ornements de l'Architecture.

Dans cette seconde partie du *Vignole des Architectes*, si je ne présente rien de nouveau pour les personnes déjà exercées dans l'art, au moins ai-je fait en sorte de ne rien offrir qui puisse paraître contraire au but que je me suis proposé, celui de rendre aux

1. Page 14.
2. Voyez planche 30 et suivantes de cette seconde partie

élèves leurs études plus faciles et plus agréables. Aux détails applicables aux moulures et aux compartiments des voûtes et des plafonds, j'ai fait succéder divers ensembles variés de ces mêmes voûtes, ainsi que pour les plafonds, où se rattachent divers panneaux d'ornements qui donnent une idée de la manière dont on peut les remplir, et j'ai puisé la plupart de ces éléments à des sources déjà avouées par les Architectes. Un choix de chapiteaux ioniques, corinthiens et composites, variés dans leurs ornements, se trouve placé à la suite, ainsi que quelques bases de colonnes antiques ornées sur toutes leurs moulures. Parmi les planches qui suivent, les unes sont consacrées à reproduire l'ensemble et les proportions de portiques antiques mis en parallèle avec ceux que l'on peut élever d'après les différents entre-colonnements de Vignole; les autres présentent des ensembles pour les intérieurs des édifices, les uns simples, les autres composés, et les proportions relatives des hauteurs avec les largeurs pour les galeries, les nefs et les rotondes. Viennent ensuite divers plans tirés ou imités de l'antique, avec leurs élévations et leurs coupes, dont la disposition se rapporte toujours au but de l'ouvrage, soit pour les entre-colonnes, soit pour les proportions extérieures et intérieures, et toujours ménagées dans leur ensemble pour l'application des ornements qui leur sont propres, et que l'on trouve dans les planches précédentes. J'ai terminé cet Ouvrage par quelques projets d'édifices publics, pour indiquer seulement aux élèves les rapports et les liaisons des grandes pièces avec les petites, la libre circulation pour parvenir de l'une à l'autre, condition inséparable de ces sortes de bâtiments, leurs élévations et leurs coupes, qui se rapportent toujours à notre but ; la décoration des Ordres d'Architecture, tant à l'extérieur qu'à l'intérieur.

Si, à commencer par les cinq Ordres, et en parcourant jusqu'à la dernière planche de cette seconde partie, l'élève n'est point rebuté par quelques difficultés que le travail seul apprend à vaincre, il sentira que le côté agréable de cet art l'emporte de beaucoup sur ce qu'il présente d'abord de pénible par les soins et la précision qu'il exige. Mais le goût, la persévérance et une application soutenue, sans fatigue, lui en rendront l'étude facile, d'autant plus que la première et la seconde partie de cet Ouvrage étant purement élémentaires, j'ai dû y maintenir un juste milieu entre le simple et le composé.

# VIGNOLE DES ARCHITECTES

ET

## DES ÉLÈVES EN ARCHITECTURE

**SECONDE PARTIE**

### PLANCHE PREMIÈRE

Méthode pour tracer des Caissons dans une voûte en berceau.

Figure 1re. Si votre voûte est supportée par des colonnes ou par un mur percé de portes ou d'arcades, il faut que vos caissons correspondent à chaque axe, soit des uns, soit des autres, et c'est alors qu'il est quelquefois difficile de subordonner la largeur de ces caissons à leur division au pourtour de la voûte, pour les maintenir dans leur carré ; car il est de principe d'accorder leur largeur avec leur hauteur. Il doit toujours se trouver une ligne de caissons au milieu de la voûte, et il faut que ceux du bas soient éloignés de la corniche de la largeur d'une côte et quelquefois davantage, suivant les différentes saillies qui pourraient les masquer relativement au point d'où ils doivent être aperçus. La côte peut être du quart ou du cinquième de la grandeur des caissons.

Le moyen de les relever ensuite est très-simple : il suffit, d'après leur tracé sur la coupe A, d'en prolonger toutes les lignes parallèles à l'horizon B, et d'élever tous les points perpendiculaires de leurs divisions à leur base C pour en avoir la forme exacte, à mesure que la courbure de la voûte indique le raccourci de leur forme. Chaque renfoncement se relève de la même manière. Les côtes perpendiculaires sont toujours de la même largeur, et celles horizontales suivent pour leur aspect le cintre de la voûte, afin d'exprimer leur raccourci par le haut et leur développement par le bas.

Figure 2. Les caissons octogones, pour les voûtes en berceau, ne diffèrent des caissons carrés, dans leur exécution, que par leur échancrure A, qu'il faut tracer sur le profil et sur la base B, pour les dessiner ensuite par les mêmes moyens que ceux de la forme carrée. Les caissons carrés, sans ornements, conviennent pour l'ordre dorique. Ils s'allient très-bien avec le style ferme de cet ordre; les caissons octogones, au contraire, conviennent mieux pour les voûtes dont l'ensemble des pièces serait formé d'une architecture simple, sans colonnes, mais qui seraient décorés par des arcades, ou par des portes ornées de chambranles et de corniches.

# PLANCHE II

### Méthode pour tracer des Caissons carrés et des Caissons losanges dans une voûte sphérique.

FIGURE 1re. Cette méthode pour tracer des caissons dans une voûte sphérique est facile à comprendre, et quoique celles qui vont suivre soient plus compliquées dans leur ensemble et dans leurs détails, elles dérivent cependant toutes de celles-ci. Le diamètre de votre voûte A B une fois déterminé, et le nombre des caissons pris à leur base C dans son pourtour[1], ainsi que les côtes qui les séparent D étant fixés, vous en conduisez les largeurs vers le centre E de la voûte. Ensuite, sur votre élévation, FIG. 2, dont la voûte ici est à plein cintre, soit qu'elle forme une coupole, une calotte, ou qu'elle présente toute autre forme circulaire plus ou moins élevée, vous la divisez de même par la moitié, sur sa courbe, en un certain nombre de parties égales pour en obtenir le développement (elle est ici divisée en quinze parties égales) que vous reportez perpendiculairement, ainsi qu'en la FIG. 3[2]. Et c'est par ces points que vous devez obtenir la diminution de vos caissons à mesure qu'ils s'élèvent vers le haut de la voûte. Ici, par exemple, j'ai pris pour base 0, et les chiffres 2, 5, 8, 10 et 12 que j'ai prolongés jusqu'à l'axe de la voûte FIG. 2, et que, des mêmes points sous la courbe, j'ai descendus ensuite perpendiculairement sur le plan où j'ai indiqué les mêmes chiffres, et qu'avec le compas, en partant du centre E, j'ai reportés sur cette même ligne de centre. De là, pour avoir le galbe de la diminution des caissons, j'ai pris sur le plan leur largeur à la base, et je l'ai porté de chaque côté de la perpendiculaire F, FIG. 2, en G et H; ensuite j'ai répété la même opération successivement par les chiffres 2, 5, 8, 10 et 12, ce qui m'a donné le galbe des lignes que doivent suivre les caissons. Puis ayant pris la largeur des côtes sur le plan au point D, j'ai obtenu leurs courbes par les mêmes moyens. De cette même largeur des côtes, j'ai formé celle qui sépare les caissons de la corniche I, et, la prenant pour base du premier caisson, j'ai fait passer un cercle touchant cette même base et les côtés pour en avoir la hauteur. A cette hauteur, le

---

1. On doit remarquer que les caissons, sur le plan au point A et C, sont divisés sur la base de l'axe de la voûte, et que leur division ensuite sur la voûte en élévation par la distance de cette même base au premier caisson, qui en forme la côte, présente, par son abaissement sur le plan, un caisson entier dont l'extrémité est au point a sur l'élévation et sur le plan au point b. Même remarque pour les autres caissons de différentes formes.

2. On se tromperait si, sur la ligne divisée en quinze parties (fig. 3), on conduisait, à partir de la base G, la diminution des caissons au centre de la voûte. Ce moyen, employé quelquefois pour les dessins, n'est pas exact, comme on peut le vérifier sur la ligne ponctuée L de la même figure, en reportant la largeur du caisson à son extrémité sur le plan avec celle que donne cette figure.

carré de la côte K m'a donné la séparation du suivant, et ainsi de suite, jusqu'au nombre que j'ai jugé nécessaire pour terminer les caissons. Cette opération faite, pour les reporter exactement sur la courbe de la voûte, il faut, de chaque point de la division en quinze parties, également tracées sur la voûte comme sur la perpendiculaire, Fig. 3, il faut, dis-je, prendre du point le plus près de l'extrémité de la base, ou du dessus du caisson, sur le développement pour les reporter au même point sur la voûte. En opérant de cette manière pour tous, vous aurez exactement la hauteur de vos caissons en accord avec leur largeur. L'inspection et les rapports des trois figures vous feront facilement connaître les autres détails, qui consistent dans l'enfoncement des mêmes caissons, plus ou moins prononcés suivant votre goût.

Maintenant, pour les dessiner en élévation d'après le plan et le profil, ou la coupe, les lignes déjà établies et marquées 0, 2, 5, 8, 10 et 12, reportées sur le plan, et que vous y avez fait correspondre avec ce même profil, il suffira d'élever des lignes à leurs points d'intersection, des plans sur la coupe pour avoir exactement le galbe des côtes, et prolongeant ensuite horizontalement leur hauteur donnée par la coupe, vous en obtiendrez la figure exacte. Pour prendre de suite une idée de l'ensemble de cette voûte, *voyez* PL. 32, Fig. 11.

*Nota.* Pour connaître l'effet des caissons coupés par la moitié sur une ligne courbe, il faut se reporter à la planche 1re, où leur figure étant plus en grand, ils sont présentés dans leur effet exact. C'est pourquoi j'y renvoie pour éviter la confusion des lignes. Leur aspect sur une ligne cintrée droite, ou sur une ligne courbe tendant également à un centre, présente la même forme. L'observation sera la même pour les figures de la planche suivante.

Figure 4. Cette voûte ou coupole est ornée de caissons losanges, c'est-à-dire que leur carré est présenté sur deux de leurs angles perpendiculairement, et les deux autres horizontalement [1]. La méthode pour en obtenir le tracé est la même que pour la Fig. 1re, malgré la différence de leur position. Après avoir divisé la moitié de la courbe de la voûte, Fig. 5, en quinze parties égales, comme pour la Fig. 2, vous porterez de même sur la perpendiculaire, Fig. 6, les quinze divisions, la largeur du carré M N, prise sur le plan O, et dans lequel doit être inscrit votre losange. Puis vous opérerez comme il a été indiqué pour la figure précédente, les points numérotés étant les mêmes, avec cette observation que toujours un cercle serve de limite au carré, vu ici sur les angles. Ensuite il est facile de concevoir que ces losanges se croisant, il faut indiquer sur le profil et sur le plan la place de ceux qui ne peuvent y être exprimés en coupe, pour en obtenir avec plus de justesse leur tracé et celui de leurs côtes.

Les Figures 7 et 8 présentent la face et la coupe des mêmes caissons ornés de moulures et de rosaces. Les moulures peuvent être taillées, ou d'oves, ou de rais-de-cœur, suivant le profil adopté. *Voyez* Planches 6 et 7.

1. Il arrive souvent que, suivant le goût ou l'emplacement, on donne à cette sorte de caissons plus de longueur perpendiculaire que la largeur horizontale. *Voyez* Planche vii, Figure 3.

## PLANCHE III

**Autres tracés des Caissons octogones et hexagones dans les voûtes sphériques.**

Figure 1re. Plan d'une voûte sphérique ornée de caissons octogones. Fig. 2. Coupe de la voûte présentant les caissons; et Fig. 3, leur développement. Ces caissons ne diffèrent de ceux de forme carrée, Fig. 1re, de la planche précédente, que par leurs angles coupés, qu'il faut indiquer sur le plan, sur le développement et sur la coupe. Les vides qu'ils laissent entre eux se remplissent par des caissons losanges, autour desquels on peut conserver la largeur de la côte ou la diminuer à son choix, comme on le voit sur le développement, Fig. 3.

Figure 4. Plan d'une voûte sphérique décorée par des caissons hexagones, Fig. 3. Coupe de la même voûte; et Fig. 6, développement nécessaire pour que, depuis celui du bas jusqu'à celui du haut, les caissons conservent leur forme exacte régie par un cercle. Pour les tracer et les relever du plan sur l'élévation, les moyens sont les mêmes que pour ceux de la Fig. 4 de la planche précédente, dont la forme est losange; et, comme ces derniers, ils s'entrecoisent les uns dans les autres, séparés seulement par leurs côtes.

Figures 7 et 8. Élévation et coupe de ces mêmes caissons, ornés de moulures et de rosaces. *Voyez* Pl. 7, Fig. 3 et 4.

## PLANCHE IV

**Arcs doubleaux et compartiments des voûtes.**

Les arcs doubleaux sont des corps saillants, supportés par une ou deux colonnes, ou par des pieds-droits distribués dans des pièces d'une certaine étendue pour en ôter la monotonie que présentent toujours deux lignes parallèles réunies par une voûte, ou pour supporter des coupoles. Les ornements dont on les décore doivent être en rapport avec ceux des voûtes dont ils font partie, de même que leur simplicité ou leur richesse doit se rapporter au caractère de l'ordre d'architecture qu'on y fait régner.

Les voûtes en berceaux pour les galeries ou les nefs peuvent être décorés avec des compartiments, c'est-à-dire que ces compartiments peuvent prendre la place de plusieurs caissons pour contenir, dans un plus grand encadrement, des bas-reliefs ou des tableaux. Leur grandeur peut dépendre des localités, et la richesse de leurs ornements du goût ou de la fortune de celui qui fait exécuter.

Il me serait impossible de proposer ici toutes les combinaisons qu'on pourrait imaginer pour varier les voûtes et les plafonds; ce travail pourrait être, seul, la matière d'un ouvrage spécial; d'ailleurs mon but, dans celui-ci, n'est que de présenter les formes premières et les plus simples, que j'ai puisées dans l'antique ou que j'en ai imitées, et dont le style

## VOUTE SPHÉRIQUE.

grand et sage répond toujours à celui des ordres, quand on les emploie dans toute leur pureté

Figure 1re. Par cette figure, on voit sur la planche trois arcs doubleaux décorés d'une façon différente : le premier de caissons carrés, le second de caissons octogones; des caissons ornés de rosaces et de compartiments, prenant la place de deux caissons en hauteur, forment la décoration du troisième. Le profil, ou la coupe de chacun de ces arcs, porte le numéro qui leur correspond. Nous avons supposé le fond de la galerie orné sans vouloir en prescrire l'ensemble, mais seulement comme une donnée.

Figure 2. Cette figure présente, comme la précédente, trois arcs doubleaux. Le premier est composé d'entrelacs simples, le deuxième d'entrelacs doubles ou de nattes, et le troisième porte un ravalement formé de rinceaux symétriques[1]. Les profils pour la division et le relevé, sur le dessin, de chaque ornement en particulier, portent les mêmes numéros que ceux de leur face. Le fond de la galerie présente, de même que la figure précédente, une indication d'ornement.

Figure 3. Cette figure offre deux voûtes ornées de compartiments en liaisons, dont la première A est composée de compartiments oblongs, et la seconde B de petits caissons et de caissons plus grands qui peuvent contenir des bas-reliefs. Ces sortes de décorations peuvent occuper un grand espace, et aussi être réduites sur la largeur de deux ou trois caissons de front. La Fig. 1re présente des arcs doubleaux supportés par une colonne, ou chacun par un avant-corps plein qu'on nomme pied-droit. La Fig. 2 offre la même application dans les résultats que la Fig. 1re, et lorsque l'arc doubleau se trouve reposer sur deux colonnes ou sur un corps plus large qu'un simple pied-droit, on peut, entre les deux premiers ornements prolongés sur la ligne du fût des colonnes, placer d'autres ornements tels que ceux de la Planche 11, Fig. 1, 2 et 3, ou de la Planche 12, Fig. 1, 2 et 3. Voyez la Planche suivante, Fig. 6 et 7, où j'ai tracé l'ensemble de l'ajustement que je propose.

## PLANCHE V

Voûte sphérique variée dans ses compartiments et dérivant de la même combinaison par son plan.

La Figure 1re présente des compartiments propres à recevoir des sujets peints, et leur encadrement, riche en sculptures, est encore entouré d'un ornement continu au pourtour de la voûte. Cet ornement arabesque pourrait être également ou peint ou sculpté. L'idée de cette décoration est prise de Vignole.

Figure 2. Cette voûte, dont les ornements sont plus simples dans leurs formes, présente des caissons servant de cadres à de grands compartiments, dont on peut enrichir les bordures suivant son goût, et dont l'intérieur peut être rempli par des bas-reliefs ou des

---

[1]. Voyez notre *Guide de l'Ornemaniste*, planche XIII.

tableaux. Les moulures des caissons seraient taillées de rais-de-cœur ou d'oves, et leur centre orné d'une rosace. L'échelle de leur rapport de diminution, prise de la base au point le plus élevé, se trouve à côté, Fig. 3. La méthode pour y parvenir est la même que celle déjà indiquée Planche 2, Fig. 3. Des deux plans, le premier, Fig. 4, n'exprime que le simple trait des cadres de la voûte, et le second, Fig. 5, celui de chaque partie des compartiments et des caissons. On pourrait aussi réduire en compartiments oblongs les trois caissons qui séparent la base et les côtés des grands compartiments de cette dernière voûte, pour y placer un ornement quelconque et laisser les seuls caissons aux angles, ce qui donnerait une nouvelle composition pour son ensemble; on pourrait même orner les côtes comme celles des caissons, Planche 7, Fig. 2. Pour avoir une idée de l'ensemble de cette voûte, *voyez* la Planche 32, Fig. 10. Les Fig. 6 et 7 présentent des compartiments pour des arcs doubleaux supportés par des colonnes ou par des pieds-droits. Les ornements qu'on peut leur adapter se trouvent dans la Planche précédente et dans celles qui suivent. On pourrait orner les espaces qui sont entre chaque compartiment de la Fig. 6 avec des entrelacs, des guillochis ou tous autres ornements en rapport avec les distances. Les grands compartiments seraient remplis par des bas-reliefs, les plus petits, par des rosaces, et ceux oblongs, par des figures, ou le tout par des ornements, si on le préfère.

# PLANCHE VI

#### Voûte en berceau et divers détails de Caissons.

Cette voûte, très-richement ornée, convient pour les galeries ou les salles d'assemblées des premiers ordres d'un État. La frise au-dessus de la corniche remplace dans cette partie celle de ces voûtes brisées pour ainsi dire, voyez Fig. 2, que l'on remarque dans nos palais, et qui sont ornées de figures ou de cartels emblématiques, et au-dessus desquelles pose un simple plafond ou bien se projette une voûte aplatie ou en anse de panier, dont la distribution a lieu par compartiments ou par de grands cadres, toujours remplis par des sujets puisés dans l'histoire ou la mythologie[1].

Le fond de la galerie présente la coupe d'une niche en cul-de-four. La voussure est ornée d'arabesques dans le goût de celles que l'on nomme *véla*. Ce motif connu, et souvent exécuté avec succès, n'est ici présenté que comme un souvenir susceptible d'être enrichi de détails relatifs à la destination de la salle dont il ferait partie.

Figure 3. Caissons losanges, dont les côtes qui les séparent sont ornées de guillochis et de dessins variés.

Figure 4. Caissons octogones, pris sur l'angle et liés dans leurs intervalles par des caissons carrés plus petits, et dans leurs vides par d'autres angulaires.

[1]. Voir les nouvelles salles du Musée Charles X, au Louvre, et plusieurs autres salles plus anciennes dans le même palais.

Figure 5. Caissons hexagones allongés et encastrés les uns dans les autres, et séparés par une côte.

Figure 6. Caissons hexagones réguliers, séparés sur leurs faces par une côte dont les intervalles présentent la forme d'un caisson losange.

# PLANCHE VII

### Divers exemples de Caissons tirés de l'antique.

Comme les cinq ordres d'architecture ont chacun leur nuance et leur caractère de richesse ou de simplicité, aussi bien que leurs ornements propres, j'ai cru devoir ajouter, aux différents exemples que j'ai donnés dans les précédentes planches, de nouveaux détails qui puissent convenir aux ordres les plus riches, et avec lesquels ils seraient en harmonie.

Figure 1$^{re}$. Cette figure présente des caissons dont les moulures sont ornées de perles, d'olives et de feuilles de refend : le centre est rempli par une rosace. Ces caissons ne sont séparés les uns des autres que par un canal qui les fait paraître saillants; et chaque angle de leur carré est lié par une rosette.

Figure 2. Elle vous offre des compartiments de caissons dont les côtes sont assez larges pour qu'on puisse y tailler des ornements. Ceux de cette figure présentent des guillochis dont la réunion aux angles est terminée par une rosace.

Figure 3. Cette figure se compose de caissons hexagones, placés sur une même ligne horizontale et verticale; les vides que laisse entre eux leur forme sont remplis par des caissons losanges. Les côtes qui les séparent sont susceptibles d'être ornées à l'instar de celles de la figure précédente, ou de toute autre manière, suivant la richesse de l'architecture à laquelle elles se rattachent.

Figure 4. Cette figure vous montre des caissons octogones à trois renfoncements; sur le fond du troisième ressort une rosace; les moulures sont ornées, comme celles de la figure ci-dessus, d'oves et de rais-de-cœur. Leurs côtes peuvent être de même enrichies de détails en harmonie avec l'architecture qui forme la base de la décoration.

Figure 5. Ces caissons sont formées de grandes moulures, dont les ornements doivent être très-fouillés pour produire de l'effet relativement à leur profondeur. Un ornement en forme de câble ou de ruban roulé leur sert d'encadrement.

Figure 6. Compartiment de la largeur d'un entre-colonne, placé au-dessus d'une architrave continue sous un péristyle. Ils sont séparés les uns des autres par une largeur égale à celle du soffite de l'architrave qui règne d'une colonne à l'autre sur la face de l'édifice. L'exemple de ce compartiment est tiré du portique de Mars Vengeur à Rome. La richesse de ses moulures indique que le soffite doit être pareillement orné; il présente un encaissement contenant des grecques. J'en ai donné une indication dans la Planche 13, sous le numéro 2.

*Nota.* Sans rien prescrire, je crois pouvoir dire que les caissons sous les figures 1, 2 et 5, par leur recherche et leur ensemble, conviendraient pour une voûte supportée par un Ordre corinthien, dont toutes les moulures seraient ornées de riches détails; que ceux des figures 3 et 4, par leur forme moins sévère, seraient en harmonie avec l'ordre ionique, dont le caractère est plus léger. Ils conviennent aussi pour les grandes niches ou les voussures en cul de four, ainsi que les caissons losanges, ou, comme ceux déjà tracés dans la planche 2, figure 5, pour une voûte sphérique.

## PLANCHE VIII

#### Ornements de moulures.

Les Figures 1, 2 et 3 présentent des quarts de rond taillés d'oves, de neuf façons différentes, qui peuvent être appliqués suivant la richesse de l'ordre d'architecture, et dans le style convenable à la décoration du lieu où l'on voudrait les employer.

Les Figures 4, 5 et 6 offrent des talons ornés de rais-de-cœur, simples et composés, d'arquettes et de feuilles de refend, qui présentent, par leur nombre et leur choix, les mêmes rapports, relativement aux ordres d'architecture, que ceux des oves.

## PLANCHE IX

#### Ornements pour les Doucines, moulures principales des entablements.

Figure 1re. J'ai, pour le premier angle, fait servir l'ornement même; pour celui de la Fig. 2, je l'ai rappelé sortant de son ornement, et pour la Fig. 3, le profil échappant, ou présentant son profil même dégagé de l'ornement qui court sur la face de la moulure. Celle du bas, Fig. 4, ornée de têtes de lion servant de gouttières, porte sur son angle une feuille de refend.

## PLANCHE X

#### Ornements variés pour diverses moulures.

Figure 1re. Ornements variés pour les doucines renversées. Fig. 2. Ornement pour les cavets. Fig. 3 et 4. Ornements pour les cavets et les scoties. Fig. 5. Deux ornements variés pour les quarts de rond. Fig. 6. Ornements pour les baguettes, les astragales et les petits tors.

## PLANCHE XI

### Autres Ornements pour diverses moulures.

Figures 1, 2 et 3. Ornements pour les moulures arrondies, comme les tors et les moulures de mêmes formes. Quelques-uns, tels que les entrelacs, peuvent s'appliquer à des plates-bandes, comme les contre-chambranles, etc. Tous les ornements sont ici présentés dans leur développement, comme si la moulure était aplatie. Fig. 4. Autre ornement que l'on nomme postes, auxquels on peut ajouter un filet, et leur espace par le haut peut être rempli par un ornement que j'ai indiqué. Cette décoration s'emploie aux plafonds, aux plinthes d'appui ou servant d'impostes, ou à toutes autres plates-bandes. Fig. 5. Ornement pour les mêmes emplois et pouvant servir de frise. Fig. 6. Baguette et astragale, taillés d'olives et d'amandes liées ensembles par un filet. Fig. 7. Perles pour ornements des mêmes moulures et liées de même par un filet.

## PLANCHE XII

### Ornements pour les Arcs doubleaux, les Soffites et les Frises.

Figures 1, 2 et 3. Ces figures présentent trois sortes d'ornements pour les arcs doubleaux : celui du milieu, tiré de l'arc de Titus à Rome, peut être continué dans toute sa longueur en répétant la partie d'ornement A terminée au sommet de la voûte par une rosace ou un flacon de graines; on peut encore, comme je l'ai indiqué, en faire sortir de même, à la hauteur B, des enroulements [1] dont on peut combiner la richesse avec la base, dont on les fait s'échapper. Ces mêmes ornements peuvent être employés pour les soffites, les plates-bandes et les bandeaux.

Les Figures 4, 5 et 6 offrent des motifs de frises applicables à des impostes, à des encadrements et aux frises des entablements.

## PLANCHE XIII

### Ornements pour les Soffites, les Bandeaux, les Plinthes, etc.

Cet ornement est appelé indifféremment guillochis, entrelacs, grecques ou bâtons rompus. Les anciens et les modernes en ont fait un fréquent usage. J'ai choisi ceux que je présente ici, au nombre de six, comme remplissant le mieux l'espace qu'on veut leur faire parcourir. Cet ornement est formé de deux listels entrelacés, qui marchent continuellement

---

1. Voir notre *Guide de l'Ornemaniste*, planche XXVIII.

à une distance parallèle, et tant plein que vide. Ils doivent toujours, à leur intersection, former des angles droits : cette condition est rigoureuse; sans cela, ils n'auraient aucune grâce. Les retours d'équerre demandent aussi des soins particuliers si l'on veut que leur régularité ne soit point interrompue. On les emploie ordinairement pour les membres ou les faces droites, dans les plafonds, les faces de larmier, dans celles des impostes ou bandeaux, aux soffites d'architraves, aux chambranles des portes, sur les plinthes, etc. La saillie du listel, sur le fond, peut être d'un tiers ou d'un quart de sa largeur, suivant la place ou la distance du membre d'architecture auquel on l'appliquerait.

## PLANCHE XIV

#### Compartiment pour les voûtes d'arêtes.

Si les voûtes en berceau et les coupoles offrent quelque chose de grand et d'imposant et qui prête à la décoration, les voûtes d'arêtes ont, par leurs formes particulières, un effet agréable et qui présente de même les moyens de les orner suivant l'importance du lieu et le degré de richesse qu'on voudrait y adapter. Quoique ces sortes de voûtes ne s'emploient guère que pour les portiques au rez-de-chaussée, et alors dans la pureté de leur simple trait, cependant, en les ornant, on peut les employer pour les premiers étages, et même en grande proportion, c'est-à-dire en former des nefs ou des galeries prolongées. J'ai essayé d'en présenter dans cette planche quatre décorations différentes, dont chacune pourrait former des ensembles riches et variés. J'ai évité les lignes par trop brisées, et me suis renfermé autant que possible dans les angles que présentent les voûtes mêmes pour obtenir des formes régulières. La première disposition de voûte A est composée de caissons octogones et de caissons triangulaires, séparés par un ornement qui les encadre et qui suit l'arête de la voûte; elle est terminée à son centre par une rosace.

La seconde voûte B offre des caissons hexagones et d'autres angulaires. La bordure forme seulement ici la base et le bord des arêtes. Le centre est orné d'une rosace encadrée par divers ornements.

La troisième C est décorée par un ornement arabesque, de composition idéale, qui pourrait être exécuté également en peinture comme en sculpture.

La quatrième enfin D présente des compartiments formés de lignes parallèles à l'horizon, et de perpendiculaires au sommet de la voûte. Les moulures des compartiments sont en saillie sur l'arête et retournent d'équerre pour former les mêmes compartiments sur chaque côté.

*Nota.* Toutes ces voûtes se présentent ici développées sur une ligne droite.

Cette dernière décoration, par sa continuité pour une voûte en berceau, présente les moyens d'obtenir de nouveaux compartiments qui pourraient être remplis, les uns par des tableaux, les autres par des grisailles, des bronzes, etc.; et la partie la plus élevée, occupée ici par une rosace, pourrait l'être, en profitant du plus grand cadre, par un sujet d'histoire. Si l'on était dans la nécessité de prolonger la pièce, ce même cadre offrirait la facilité de l'éclairer alternativement, dans le genre et par le même moyen que celui employé pour le palais de la Bourse, à Paris.

La figure *a* offre l'ensemble de la figure A, séparée par un arc doubleau de celle qui y ferait suite.

La figure *b* montre l'ensemble de la voûte B, mais continuée sur une même ligne sans arc doubleau. La bordure, composée de feuilles de laurier, de chêne, de fleurs ou de fruits, formerait le milieu de l'arête. Ces deux sortes d'ajustements présenteraient une continuité de caissons réguliers.

*Nota.* Comme je ne donne ici ces parties de plafond que comme un objet d'étude, j'ai cru ne devoir offrir d'un côté que le simple tracé de leurs compartiments en opposition avec l'autre côté, que j'ai enrichi de tous les ornements qui me paraissent convenables. J'ai adopté la même méthode pour ceux qui vont suivre. Cette note montre le but que je me suis proposé pour les uns et pour les autres.

## PLANCHE XV

### Compartiments variés pour orner des plafonds.

Cette planche présente quatre motifs de plafonds variés de formes et de détails. Ils conviennent également, le premier A et le second B, pour des pièces de formes carrées, décorées de colonnes espacées également entre elles. Ces plafonds prennent naissance à l'extrémité de la saillie *a* et *d* de la corniche.

Le troisième C et le quatrième D sont disposés de même pour des pièces carrées par leur plan, mais dont les entre-colonnes des côtés sont plus étroits et formés par des pilastres saillants sur les angles des murs et mis en parallèle les uns vis-à-vis des autres, ce qui ferait huit colonnes et huit pilastres, tandis que ceux des deux figures précédentes seraient composés de douze colonnes. On conçoit que ces mêmes motifs d'ajustement, pour être appliqués aux plafonds de pièces en forme de parallélogramme, demanderaient un changement dans le compartiment du milieu, qu'on pourrait disposer de manière à pouvoir y placer un sujet ou tableau d'histoire, allégorique ou puisé dans la mythologie. Pour les détails applicables aux moulures et pour leur développement dans une plus grande proportion, voyez les planches VIII et XI et les suivantes pour les plates-bandes, etc.

## PLANCHE XVI

### Autres compartiments variés pour orner les plafonds.

Plafond A pour une pièce formée de cinq entre-colonnes sur onze ou sur toute autre division intérieure qui s'y rapporterait. Le plafond commence à l'extrémité supérieure *a* de la corniche; chaque caisson carré a pour limite l'axe des colonnes; ils sont séparés par un petit canal [1], et bordés dans leur pourtour, entre eux et la corniche, par une frise.

Le plafond B ne diffère que par la forme des caissons qui sont octogones. Leur disposition en principe est la même; seulement, au lieu d'être séparés les uns des autres par un canal, ils le sont par une baguette saillante qui est taillée en forme de câble. Ce détail et le profil, ainsi que les ornements, sont pris de la figure 5 de la planche VII.

Le plafond C, ajusté pour les mêmes entre-colonnements que le précédent, présente une disposition plus grande, plus riche, plus variée dans son effet. La peinture et la sculpture pourraient y être alliées avec avantage. Le champ ou canal qui sépare chaque compartiment peut être orné de guillochis, de feuilles de laurier, de guirlandes de fleurs ou de fruits, aussi bien que des décorations diverses que nous y avons adaptées. Il en est de même pour les compartiments dont on ne voudrait conserver que la forme. Le compartiment du milieu et ceux des extrémités sur la même ligne pourraient être ornés d'un tableau.

## PLANCHE XVII

### Suite des compartiments pour les plafonds.

Le plafond A présente des compartiments dont les axes et les bordures qui les encadrent, quoique arbitraires, doivent cependant se rapporter aux principales lignes formant la combinaison du décor de la pièce, telles que les portes, les arcades ou toutes autres ouvertures. Le compartiment du milieu, encadré par une corniche, est ici de forme carrée; mais, suivant le lieu où l'on voudrait en adopter l'ensemble, on pourrait en allonger la forme, et y ajouter un double encadrement dont on peut prendre l'idée dans celui que nous offrons pour la forme carrée.

Le plafond B offre un autre ensemble, mais dont les compartiments sont distribués de telle sorte qu'ils peuvent, comme ceux du précédent, se rapporter à toute espèce de décoration, en ayant soin seulement de conserver comme axes ceux des champs qui séparent chaque cadre, qu'on peut agrandir ou diminuer suivant la disposition de la pièce.

*Nota.* Dans les trois planches précédentes et dans cette dernière, j'ai présenté treize modèles de plafonds desquels peuvent dériver plusieurs autres, suivant les nouvelles combinaisons qu'ils pourraient faire naître; ils conviennent tous à la plupart des pièces principales le plus en usage aujourd'hui. Les mêmes ornements peuvent aussi s'adapter aux voûtes, en adoucissant la profondeur des cadres du milieu.

1. Voir la planche VII, figure 1re.

## PLANCHE XVIII

**Chapiteaux ioniques ornés.**

Ces chapiteaux, gradués de richesse, sont du plus brillant effet. Ils conviennent pour les intérieurs, comme les salons, les galeries, et pour toute autre pièce d'apparat.

Pour avoir les proportions de ces chapiteaux, si l'on suppose la hauteur des colonnes fixée à 18 modules, on divisera le fût sous l'astragale en 30 parties égales, dont on prendra 18 pour un module.

## PLANCHE XIX

**Chapiteaux corinthiens.**

Figure 1re. Le chapiteau que je présente ici n'est pas celui dont Vignole a donné les proportions en rapport avec la combinaison de son entablement; mais c'est l'ensemble réuni de toutes les parties des chapiteaux antiques dont il s'est servi lui-même pour former le sien, en sorte que la hauteur, prise au-dessus de l'astragale jusque sous le tailloir, a toujours deux modules, proportion qui paraît la plus exacte. La hauteur des feuilles, celle du tailloir et celle des volutes dépendent, pour leur ensemble, de l'effet qu'on veut que ces ornements produisent en raison de la distance d'où ils doivent être aperçus le plus favorablement. Voilà les seules règles auxquelles doit s'assujettir tout architecte qui, à force d'études et de recherches, ayant approfondi son art, s'attache à n'y rien ajouter qui ne puisse satisfaire le goût et mériter l'approbation des gens de l'art et d'un public éclairé. Pour la réunion des feuilles, leur liaison entre elles et leur exécution, ainsi que pour la conduite raisonnée de leur ensemble, on ne peut rien indiquer de plus exact et de plus satisfaisant que les chapiteaux antiques du Panthéon et du temple de Jupiter Stator à Rome; et comme le modèle en plâtre du premier existe au Musée impérial, nous y renvoyons, l'exécution rendant toujours un compte plus exact que le dessin le plus correct.

Ensuite, notre goût particulier nous porte à croire que le galbe des feuilles doit être modéré, pour que le chapiteau présente sur toutes ses faces un effet agréable, ce que l'on peut observer facilement en comparant le chapiteau du temple de Mars Vengeur avec ceux du temple d'Antonin et de Faustine. Le premier nous paraît préférable au second pour l'effet combiné des lignes dans l'architecture [1].

Figure 2. Le second chapiteau est exactement dans les mêmes proportions que le premier pour la hauteur, la largeur, le galbe de ses feuilles et la saillie de ses volutes; mais l'ornement se compose de feuilles d'acanthe au lieu de feuilles d'olivier, dont le premier est orné. Quoique l'emploi en soit rare, cependant il est des cas où il pourrait convenir.

[1]. Voyez, pour leur comparaison, planche XLIV de notre *Parallèle des Ordres d'Architecture*.

Ainsi on peut en faire usage dans les chapiteaux où l'on serait obligé, par la localité, de cumuler les ordres ; les feuilles d'acanthe orneraient alors les chapiteaux des colonnes du rez-de-chaussée ou à la hauteur du sol, soit à l'extérieur, soit dans l'intérieur; et ceux du second ordre, plus légers, seraient sculptés de feuilles d'olivier. Le reste de l'ornement, comme celui des moulures et celui des frises, devrait être dans les mêmes rapports, ce qui donnerait à l'architecte l'occasion de développer son goût pour la décoration, dont la variété offrirait un nouvel intérêt.

# PLANCHE XX

### Chapiteaux composites.

Figure 1re. Ce chapiteau, très-riche d'ornements composés de feuilles de persil, est tiré de l'ionique et du corinthien ; ses volutes et ses oves tiennent leurs proportions du premier de ses ordres; l'ensemble et le galbe de ces feuilles dérivent du second. On emploie rarement ce feuillage pour le chapiteau corinthien ; cependant, entre autres exemples, j'en citerai un qu'on pourra remarquer aux colonnes du portail de la Sorbonne à Paris, où l'on pourra juger de son effet.

Figure 2. Ce chapiteau composite antique est tiré des Thermes de Dioclétien ; mais en conservant sa forme originale, afin de ne point répéter l'ornement indiqué pour le précédent, j'ai composé celui-ci de feuilles de laurier. Deux tiges réunies en forment la côte principale et, par ce principe régulier, mettent en parallèle chaque bouquet de feuilles, auxquelles on peut donner le même effet qu'aux feuilles d'olivier, et ajouter, comme on le voit sur la gravure, quelques graines qui marquent le caractère particulier qui lui est propre.

# PLANCHE XXI

### Chapiteaux composites, antiques.

Figure 1re. Le tailloir de ce chapiteau a la même forme que ceux du chapiteau corinthien et du composite. Ses angles sont soutenus par des griffons, qui sont posés sur le revers des feuilles placées sous les diagonales des mêmes angles. Derrière celle du milieu s'échappent deux enroulements qui supportent une tête tenant la place des roses ; la forme de cette feuille présente une palmette ; la tête est celle d'un Bacchus. Ce chapiteau est largement composé et d'une belle intention : il peut être employé avec succès dans les intérieurs. Pour en avoir les proportions, il faut prendre le diamètre de l'astragale pour deux modules, que l'on divise chacun en dix-huit parties.

Figure 2. Ce chapiteau, d'un style particulier, est orné de cornes d'abondance qui contiennent des fleurs et des fruits ; unies entre elles par des guirlandes, elles sont terminées par des enroulements et des rosaces. Les feuilles des angles sont idéales et, sans avoir un caractère distinct, elles sont d'un très-bon effet. Ce chapiteau convient pour les pilastres. En prenant pour celui-ci la largeur même de son fût pour deux modules, que vous diviserez chacun en dix-huit parties, vous en aurez la proportion exacte.

## PLANCHE XXII

### Chapiteaux variés, deux antiques et un moderne.

Figures 1re et 2e. Ces deux chapiteaux antiques, que je rapporte ici pour exemples, conviennent pour des monuments qui n'exigent pas un caractère d'architecture très-sévère. On peut leur faire supporter des entablements d'un style qui leur soit analogue, ou seulement des corniches architravées, ou des architraves formant la base des cintres portant une archivolte.

Figure 3. Chapiteau composite sans volutes. Le tailloir est carré, et les angles au plafond sont ornés d'une rosace. Le modèle de ce chapiteau se voyait au château de Meudon. Seulement, dans celui-ci, les tigettes entre les grandes feuilles sont ajoutées.

## PLANCHE XXIII

### Base de Colonnes ornées, tirées de l'antique.

Figure 1re. Parmi les bases antiques ornées sur toutes leurs moulures, j'ai choisi celles dont les formes se rapprochent le plus des bases adoptées pour les ordres. La première, dans la forme et les proportions de celle nommée attique, a pour ornements sur son tore supérieur des feuilles de laurier, des palmettes et des culots dans la scotie, une sorte de feuille d'acanthe et des doubles culots sur le gros tore, et sur la plinthe des masques entourés de tiges réunies par un lien, duquel s'échappent des fleurons. L'ornement qui la surmonte est tiré d'une autre base et adapté autour du fût de celui-ci.

Figure 2. La plinthe de cette base est ornée de rosaces et de culots qui leur servent d'encadrement. Le tore inférieur porte des entrelacs à doubles filets, et les vides que forme chaque bande sont remplis par des parties rondes ou sortes de patères : le dessus présente une baguette ornée de perles et d'olives. La scotie est remplie par des canaux et le tore supérieur est sculpté de feuilles de laurier. La base du fût offre une forme de doucine renversée comme celle d'un vase ; elle est ornée de feuilles d'olivier, à la manière des chapiteaux corinthiens grecs, posées sur des feuilles unies, et les intervalles sont remplis par une feuille du même genre.

Figure 3. Le tore supérieur de cette base est orné de feuilles de laurier, la scotie au-dessous de feuilles de refend, la baguette ensuite de feuilles d'eau ; la scotie inférieure présente des tiges d'ornements liés à des culots droits et à d'autres renversés. Le gros tore est entouré d'un réseau, et sur la plinthe sont sculptés des enroulements. Le bas de la tige de la colonne est orné de feuilles de persil ou de refend. Ces trois bases renferment une partie des ornements qu'on peut employer avec le plus de succès pour les scoties.

Figure 4. Cette base diffère de la précédente en ce que, au lieu de la scotie du haut, elle porte un talon renversé, orné de feuilles de refend. Le tore supérieur présente des postes symétriques. Le tore inférieur est orné de postes continues, dont les espaces sont remplis par des feuilles de refend. A la place de la scotie, comme on le voit pour les autres bases, est une doucine renversée, qui est ornée comme la doucine supérieure; elles sont séparées par un astragale taillé d'olives et d'amandes. Le socle présente une sorte d'entrelacs liés par des culots, et les vides qu'ils laissent entre eux sont remplis par des rosaces et des feuillages.

## PLANCHE XXIV

### Ensembles de Portiques ioniques antiques.

Je présente ici la proportion de leurs colonnes, celle de leur espacement et celle du fronton qui les couronne en parallèle, avec un portique du même ordre d'après les proportions de Vignole. Le premier est le portique du temple sur l'Ilissus, à Athènes; le second, celui du temple de la Fortune Virile à Rome, et le troisième, conforme aux règles de Vignole, confirmerait, au besoin, l'étude qu'il a faite de celles adoptées par les anciens; le quatrième, qui a six colonnes de face, est le portique du temple de la Concorde à Rome. Les colonnes sont presque de proportion corinthienne. La corniche, ornée de modillons, est sans architrave sur la façade du temple. Le fronton, mutilé et en partie détruit, présente cependant, pour son élévation, la régularité de l'opération géométrique que nous lui adaptons, aussi bien que celui du temple de la Fortune Virile. Nous avons adapté cette hauteur pour le fronton ajusté sur les proportions de l'ordre ionique de Vignole. Le fronton du temple sur l'Ilissus est d'un tiers plus bas. Chacun pourra faire de ces exemples divers l'application qu'il jugera convenable.

## PLANCHE XXV

### Ensemble de Portiques corinthiens antiques.

Le premier portique, Fig. A, est celui de Septime Sévère, et le second, Fig. B, celui de la Rotonde à Rome. Les deux autres, exprimés par moitié, sont élevés d'après les proportions de l'Ordre corinthien de Vignole. La Fig. C, sur son entre-colonnement, et l'autre, Fig. D, sur un entre-colonnement plus usité aujourd'hui et dont l'adoption est devenue, pour ainsi dire, une règle pour cet Ordre, comme se rapprochant le plus de celle des anciens. *Voyez* les Fig. A et B, même Planche.

# DIVERS RAPPORTS DE PROPORTIONS RELATIFS AUX ORDRES.

Comme la proportion pour la hauteur des frontons, en rapport avec la largeur des portiques, est souvent difficile à bien établir, j'ai cru devoir faire ici les rapprochements de tous ces exemples pour offrir des bases, sinon tout à fait exactes, au moins sur lesquelles on puisse se fixer, puisque les modèles existants ont souvent été suivis.

*Nota.* Les Grecs ont tenu leurs frontons souvent très-bas, quelquefois d'un tiers au-dessous des données de ceux que je viens de présenter (*voir* la planche précédente, figure 1$^{re}$). Je pense que pour le Dorique et le Toscan, Ordres qui, par leur caractère, présentent la fermeté, les frontons pourraient, suivant la grandeur des portiques, être réduits à la proportion du quart ou du cinquième au-dessous de la règle établie. Le module est divisé en trente parties dans ces deux dernières planches pour les modèles tirés de l'antique; et comme les mêmes rapports, relativement aux Ordres de Vignole, se trouvent dans notre *Parallèle des Ordres d'Architecture*, nous y renvoyons.

## PLANCHE XXVI

### Divers rapports de proportions relatifs aux Ordres.

De tous les Ordres d'architecture, le Dorique est le plus difficile à ajuster correctement. J'ai voulu conserver, dans l'exemple que je propose, Fig. 1$^{re}$, la hauteur d'une arcade en rapport avec sa largeur, ainsi que Vignole nous le prescrit; cependant, ne pouvant me servir de son portique simple, ou sans piédestal, pour l'usage auquel ce bâtiment serait destiné, c'est-à-dire le passage des voitures, il m'a fallu, pour préserver de leur choc les angles et les moulures, élever cet Ordre sur un socle, auquel j'ai donné deux modules de hauteur, et sur lequel seraient appuyées des bornes; j'ai porté seize autres modules au-dessus pour les colonnes. Ensuite, et toujours d'après le même auteur, j'ai fixé l'intrados de l'arcade à deux modules au-dessus du soffite, ce qui lui donne la proportion de seize modules de hauteur sur huit de largeur, et du nu de l'alète ou jambage jusqu'à l'axe de la colonne, un module et demi, comme l'indique encore Vignole. De là, voulant établir mon entablement, et ne pouvant plus, par les divisions données, trouver un triglyphe sur l'axe du cintre, l'arcade ayant un module de plus en largeur, j'ai divisé, d'un axe de colonne à l'autre, cette distance en vingt-cinq parties égales, et deux de ces parties m'ont donné le nouveau module, sur lequel j'ai dû établir mon entablement dans ces rapports de moulures, ce qui, au lieu du quart de la hauteur de l'Ordre auquel il est fixé, l'a réduit entre le quart et le cinquième, proportion qui n'altère en rien le caractère de cet Ordre, comme on pourra le juger. C'est l'exemple dont j'ai parlé dans la première partie du *Vignole*, PLANCHE 7. Entre-colonne Dorique, *voyez* la Remarque, pages 20 et 21.

FIGURE 2. Proportions applicables aux nefs, aux galeries voûtées ou autres pièces semblables, ornées ou non ornées de colonnes, les rapports relatifs des entablements pouvant être les mêmes. La hauteur de cette pièce est d'une fois et demie sa largeur; elle est divisée, d'un côté A, jusqu'à la hauteur de l'axe du cintre, qui forme, à ce point, le carré de la largeur, en trois parties égales; deux de ces parties, à partir du bas, donnent la hauteur des colonnes; le reste est pour l'entablement et un attique ou acrotère. L'autre côté B se divise aussi en quatre parties égales, dont trois, prises du bas, forment la hauteur de

## DE LA DISPOSITION DES VOUTES SUIVANT LES LOCALITÉS.

l'Ordre; la quatrième est pour l'entablement et l'espace au-dessus jusqu'à l'axe du cintre. Cependant, pour donner aux élèves une idée plus nette et plus précise de ces proportions, j'ajouterai que les règles de l'optique exigent que la hauteur ne soit pas au-dessous d'une fois et demie[1], ni au-dessus de deux fois la largeur, et qu'autrement on tombe dans les formes des édifices gothiques, dont les auteurs ne paraissent avoir suivi sous ce rapport, au moins dans les monuments qui nous restent, aucune règle de proportion.

FIGURE 3. Le but de cet ouvrage étant d'offrir des exemples puisés, autant que possible, dans les principes mêmes, j'ai dû rappeler ici l'admiration dont on est frappé en entrant dans la Rotonde à Rome, par l'aspect imposant et la belle ordonnance des proportions de cette pièce immense (elle a 44 mètres 50 cent. environ de diamètre du nu d'une colonne à l'autre, et sa hauteur est égale à sa largeur). La hauteur est partagée en deux : l'une est pour la voûte et l'autre comprend l'Ordre d'architecture et un attique au-dessus. Les colonnes ont de hauteur 10 mètres 81 cent., ce qui forme à peu près le quart; dans l'autre quart, jusqu'à l'axe du cintre de la voûte, sont compris l'entablement et l'attique. J'offre donc ici les proportions de cette pièce et de son ensemble comme point de départ pour toute autre qui lui serait analogue, même dans des proportions moins colossales.

Quant aux ornements propres à ces sortes de voûtes, j'en ai donné six exemples. *Voyez* PLANCHES 2 et 3; et pour des ajustements plus riches et variés, *voyez* PLANCHES 5, 6 et 7; et enfin pour l'idée de l'ensemble, *voyez* PLANCHE 32, FIG. 11.

FIGURES 4 et 5. L'ensemble et la décoration de ces deux salles, l'une ornée de pilastres et de compartiments propres à recevoir des tableaux, et l'autre plus simple d'ajustement, ne sont présentés ici, quoique puisés à de bonnes sources, que pour indiquer l'application des plafonds dont nous avons offert quelques exemples dans les Planches précédentes.

## PLANCHE XXVII

### De la disposition des Voûtes suivant les localités.

Sans m'écarter des principes tracés et décrits dans la Planche précédente, relativement aux proportions de la hauteur des pièces voûtées en rapport avec leur largeur, je présente dans celle-ci des figures où j'ai pris, pour l'axe horizontal du cintre des voûtes, le niveau du dessus des entablements et des simples corniches. C'est là un troisième moyen que l'on peut employer avec le même succès et suivant les localités. Je ferai remarquer, toutefois, que les voûtes paraissent plus spacieuses ou plus grandes lorsque leur axe est entièrement dégagé de la saillie des corniches, comme je l'ai tracé dans la FIG. 2, PLANCHE 26.

---

[1]. Ceci peut arriver, cependant, lorsque le premier cintre encadre un autre cintre, comme dans la figure 9 de la planche suivante, dont les deux hauteurs sont, l'une d'une fois et demie et l'autre de deux fois leur largeur. Celle d'une fois et demie pourrait, dans quelque cas, être réduite à une fois un quart, si la première était d'une fois et demie. C'est ici la proportion la plus basse pour les pièces en longueur, car autrement elles approcheraient trop de celle des voûtes sphériques (*voyez* la figure III.) On ne doit donc l'employer que lorsqu'on est gêné par la hauteur en raison de la largeur, ou pour caractériser des galeries souterraines, des halles, des magasins, etc.

## DE LA DISPOSITION DES VOUTES SUIVANT LES LOCALITÉS. 23

Après avoir donné des ornements propres aux voûtes d'arêtes ou en arcs de cloître, j'ai dû ici offrir une idée de leurs formes. La Fig. 1re en présente une séparée de la suivante par un arc doubleau ; la 2e de même, mais elle est appuyée à sa naissance sur une corniche : la retombée de la 3e vient mourir sur le mur même qui la reçoit, et continue ainsi dans sa longueur et ses retours ; la 4e est soutenue à sa naissance par un chapiteau ou par tout autre ornement saillant sur le mur, comme serait une console, ou un mascaron, etc. Les Fig. 5 et 6 présentent des arcs en pendentif recouverts par une calotte ou voussure, dont le pourtour est formé aux points les plus élevés des arcs. *Voyez* les plans au-dessous de chaque figure.

La Figure 7 présente une salle voûtée et ornée d'un entablement. Cette salle forme une croix dont les quatre côtés sont réunis au centre par une voûte d'arête. L'un des ornements de la Planche 14 peut lui être adapté.

La Figure 8 offre quatre nefs, dans les voûtes desquelles on peut employer des arcs doubleaux en agrandissant d'un demi-module les cintres de la voûte A, qui leur sert de fond, pour leur donner une saillie plus apparente. La croisée des nefs est réunie par une calotte B posée sur une corniche. Les pendentifs C peuvent être ornés de sculpture ou de peinture, comme on en voit beaucoup d'exemples.

Figure 9. Cette galerie est divisée d'espace en espace par des colonnes supportant des arcs doubleaux saillants sous l'arête. La croisée présente le même genre de voûte. Cette voûte pourrait également former le berceau dans l'espace des colonnes A ; dans toutes les travées on pourrait de même placer des colonnes carrément B, rendre les arcs doubleaux très-peu saillants, et faire passer l'arête par-dessus au lieu de la prendre sur le fond du mur, comme nous l'avons indiqué C, ou, par un autre moyen encore, former la voûte par des arcs de cloître, tels qu'ils sont indiqués sur le plan D. *Voyez* Planche 28, le plan même numéro, pour la disposition des voûtes par ces mêmes lettres.

Toutes ces figures indiquent suffisamment les places pour l'emploi des divers ornements, comme les caissons, les compartiments et les frises, dont nous avons offert des détails dans les Planches précédentes.

Figure 10. Autre ajustement pour des arcs doubleaux portés par des colonnes en saillie du carré de leur espacement sur le mur de la galerie. Chaque travée formerait une voûte en pendentif surmontée d'une calotte, que nous n'avons pu indiquer que par des points, l'espace manquant.

La forme et l'ensemble de ces voûtes ne remontent guère au delà du quinzième ou seizième siècle, temps vers lequel l'architecture gothique fut abandonnée. On ne voit pas que les anciens en aient construit de semblables. Les voûtes d'arêtes, celles en berceaux, celles en forme de calotte, comme à la Rotonde, et en cul de four, comme au temple du Soleil et de la Lune, tous deux à Rome, feraient croire qu'ils n'ont jamais employé que ces dernières.

## PLANCHE XXVIII

### Plans des Figures de la Planche précédente.

Comme j'ai craint que les portions de plans placées au-dessous de chacune des figures dont la Planche précédente est composée ne fussent pas suffisamment indiquées, j'ai voulu, par celle-ci, leur donner le développement nécessaire pour l'intelligence de chacune d'elles; et comme j'ai placé les mêmes numéros de renvoi à chaque figure, il sera facile, en s'y reportant, de se rendre compte de toutes leurs parties, soit par leur marche en général, soit pour les détails en particulier. Ces plans sont réduits de moitié sur les coupes.

## PLANCHE XXIX

### Du Temple de la Paix et des Thermes de Dioclétien à Rome.

Comme quelques figures des Planches précédentes et plusieurs de celles qui vont les suivre ont certains rapports entre elles, j'ai cru devoir, dans celle-ci, Fig. 1re, offrir le temple de la Paix, et dans la seconde, la grande salle des Thermes de Dioclétien, à Rome, comme les types originaux d'où découlent toutes ces sortes d'ajustements : exemples, cependant, auxquels on ne doit pas s'asservir au point de ne pas s'en écarter suivant son goût, ou selon que les localités ou la nécessité l'exigeraient. Palladio et beaucoup d'autres architectes de la renaissance, et, depuis, quelques hommes doués de goût et de talent ont su employer et varier la forme et l'ensemble de ces deux intérieurs, particulièrement pour les plans, avec le plus grand succès. C'est pourquoi je n'ai pas craint de les reproduire et de mettre en parallèle quelques nouvelles dispositions dont ils ont fait naître l'idée.

Les ruines du temple de la Paix ne permettent pas de croire que sa restauration, proposée par divers architectes, doive être d'une exactitude scrupuleuse; mais ici il s'agit moins des détails que de l'ensemble de la pièce principale, qui est le seul but de notre dessin, fait d'après Palladio.

## PLANCHES XXX, XXXI, XXXII

### Ensembles et combinaisons variées de Plans, de leurs élévations et de leurs coupes, proposés pour faciliter l'application des Ordres.

Ces trois PLANCHES présentent : la première, par les plans, la combinaison d'une partie de ceux dont l'application se rencontre souvent, comme les pièces longues, rondes et carrées, et les deux suivantes, les élévations et les coupes faites sur les mêmes plans. Ces plans¹ offrent aux jeunes élèves divers moyens d'étude pour l'application des Ordres d'architecture. Comme tous les plans sont subordonnés aux entre-colonnements², leur construction devient facile en remontant aux Ordres mêmes, détaillés dans la première partie du *Vignole*, où ils peuvent choisir ce qui conviendrait au caractère qu'ils voudraient donner à l'édifice qu'ils se proposeraient d'étudier. La Fig. 1ʳᵉ présente un temple ou *cella*; voyez son élévation et ses deux coupes, même figure, dans la PLANCHE 31, ainsi que ceux qui suivent sur l'une et l'autre Planche jusqu'à la Fig. 9. La Fig. 10 jusqu'à la Fig. 13, pour leur élévation et leurs coupes, sont exprimées dans la PLANCHE 32.

Les détails propres pour orner les voûtes sphériques, les voûtes en berceaux, les voûtes d'arêtes, les arcs doubleaux, les plafonds, etc., ont été offerts dans les PLANCHES précédentes.

*Nota.* Les figures 12 A et 13 B, sur la planche XXXII, sont d'un quart plus grandes que l'échelle des plans, planche XXX, mêmes lettres de renvoi. Comme variante, sur la coupe en longeur, figure 13 B, planche XXXII, j'ai indiqué celle du porche sur un simple rang de colonnes, et pour le double rang que présente le plan, planche XXX, on peut en voir l'effet sur celle au-dessous de la première, figure 12 A, même planche.

## PLANCHE XXXIII

### BAINS

#### Plan imité de l'antique et plan moderne.

La FIGURE 1ʳᵉ présente un plan et une élévation imités de l'un des édifices romains désignés sous le nom de *thermes*, et que nous nommons aujourd'hui *bains*, que je rapporte ici sans autre détail, ou pour mieux dire, uniquement pour montrer, par le plan, l'origine, comme par celui du temple de la Paix (*voyez* PLANCHE XXIX), l'emploi fréquent et, pour ainsi dire, adopté dans ces temps, des grandes salles décorées de quatre ou huit colonnes portant des voûtes d'arêtes, d'autres salles entourées de colonnes formant des portiques ou pourtours intérieurs, des pièces terminées en cul de four, où cette disposition est employée fréquemment, soit pour agrandir ces mêmes pièces, soit pour les terminer d'une manière agréable à l'œil.

FIGURE 2. Plans de bains à nos usages. La grande demi-partie circulaire, formée par des portiques, supporterait un réservoir dans tout son développement. Dans les trois autres, à l'extrémité des grandes salles, seraient pratiqués des fourneaux pour faire chauffer l'eau à l'usage des bains particuliers qui se trouvent être placés dans toutes les

---

1. On a tant de fois répété ces principes de plans, qu'on pourrait être surpris de les voir reproduits ici; mais si l'on fait attention que ces modèles, nés de l'antiquité, seront toujours des exemples bons à mettre sous les yeux des jeunes élèves, on conviendra qu'ils pouvaient, sans inconvénient, paraître dans cet ouvrage pour l'usage des commençants, qui, n'étant pas encore en état de composer, trouveront ainsi les moyens de s'exercer dans l'application des Ordres d'architecture qu'ils auront étudiés d'après Vignole.

2. Pour la variante des entre-colonnements, *voyez* les planches XXIV et XXV : ceux de Vignole y sont comparés à ceux des anciens.

pièces distribuées autour des mêmes grandes salles. Au milieu de celles-ci, serait un grand bassin pour les bains à pleine eau. Chaque entre-colonne serait cloisonné à la hauteur de deux mètres de la seule épaisseur d'une brique de champ. Ces bains pourraient comporter deux ou trois étages pour les cabinets particuliers avec leurs baignoires. Les pièces de bain à pleine eau ne s'élèveraient qu'à la hauteur du soubassement, et formeraient au-dessus une terrasse entourée par un portique élevé à plomb des colonnes, et qui donnerait entrée aux bains particuliers. Ce même plan, répété en parallèle, et dont les diverses parties sont liées par des portiques, pourrait présenter, sur le fond de son carré, un château d'eau; et dans l'espace entre les bains serait pratiqué un grand bassin ou une naumachie. Des promenades plantées en quinconces sur les bords en rendraient la disposition agréable et commode. A chaque angle du carré du plan général on pourrait établir un pavillon destiné au logement de l'administrateur et des surveillants de cet établissement.

## PLANCHE XXXIV

### Bibliothèque publique pour un chef-lieu de département.

Cette bibliothèque est composée d'une grande salle; dans les travées qui la divisent seraient pratiqués quatre étages d'armoires disposés en amphithéâtre; de deux autres grandes salles, l'une pour servir de musée et l'autre pour l'histoire naturelle. Les autres pièces et les galeries dont se compose le reste du bâtiment seraient destinées pour les manuscrits, les estampes et autres objets précieux, comme les médailles, les modèles, etc. Il y aurait un premier étage pour le logement du bibliothécaire et des ateliers pour l'entretien et la réparation de tout ce qui serait renfermé dans cet établissement.

Ce plan est composé par le moyen abrégé des carreaux, dont je ne blâme ni n'approuve en tout l'usage, mais qui peut convenir pour la composition des plans académiques.

## PLANCHE XXXV

### Plan d'un tribunal de justice de paix, etc., pour un chef-lieu de département.

Plan, élévation et coupe d'un tribunal de justice de paix, de police correctionnelle et de commerce pour un chef-lieu de département. Ce bâtiment se compose d'un vestibule ou portique, d'une salle des pas perdus, de trois salles d'audience et des pièces accessoires, comme les greffes, salles des dépôts, archives etc., et d'une prison momentanée. On peut communiquer à toutes ces différentes pièces sans qu'il soit besoin de passer de l'une par l'autre.

Ce plan est régulier sans être soumis au système des divisions par carreaux.

## PLANCHE XXXVI

#### Plan ou ensemble de diverses pièces.

Ce projet de plan, tout idéal, offre dans sa disposition la réunion de plusieurs pièces auxquelles, d'un vestibule commun et par une galerie, on peut communiquer à toutes celles dont il se compose, et par la coupe, une disposition propre à placer un choix des ornements d'architecture contenus dans ce volume.

## NOTA

Les élèves, soit qu'ils suivent les cours de l'École impériale d'architecture, soit qu'ils étudient sous la direction d'un maître particulier, ne sauraient trop s'appliquer, dans leurs compositions, à rendre toutes les issues faciles, et à disposer les pièces principales de telle sorte qu'elles communiquent avec les pièces dépendantes et accessoires, et que pourtant on puisse encore arriver à celles-ci sans être obligé de passer par les autres. Ce principe est de rigueur si l'on veut obtenir de bons résultats. Cette partie de la composition, comme toutes celles qui ont été traitées dans cet ouvrage, n'a été qu'effleurée dans les divers projets que j'ai présentés ; ceux qui voudront se livrer à une étude plus approfondie auront recours aux divers ouvrages que j'ai indiqués dans la première partie du *Vignole des Architectes*; ils y trouveront tout ce qui peut former le goût et préparer à de brillants succès. Inspirés par de tels exemples, guidés par les conseils de maîtres habiles, leurs progrès devront être rapides, si surtout, dédaignant cette petite architecture depuis longtemps oubliée, mais qu'on voudrait faire revivre aujourd'hui, ils s'attachent aux modèles aussi grandement conçus que savamment exécutés. Cette architecture mesquine, dépouillée de tous les accessoires qui lui sont propres, tels que les ressauts, les chambranles à crossettes, les petits frontons, les frontons circulaires ou tronqués [1], les colonnes accouplées en opposition avec les entre-colonnements lâches, des tables saillantes ou renfoncées, des pleins sur des vides, de l'échafaudage, en un mot, qui la caractérise, n'est plus que ridicule. Devînt-elle de mode, j'engage les jeunes élèves à ne point l'adopter, s'ils ne veulent coopérer à la décadence dont il semble que l'art soit menacé aujourd'hui.

Quand Palladio a voulu donner de la grandeur à ses édifices, il a fait en sorte qu'un seul Ordre y dominât ; si dans quelques-uns il a employé deux Ordres l'un sur l'autre, il l'a fait avec tant d'art, avec une telle harmonie dans les détails, que ce sont, pour ainsi dire, autant de modèles qu'il faudrait suivre servilement plutôt qu'on ne devrait les imiter. Le goût d'aujourd'hui ne permet pas les détails propres à ce genre d'architecture, qui, dépouillée de ces ornements, serait tout à fait insignifiante, et n'aurait plus que la maigreur et l'incohérence qu'on remarque dans plusieurs bâtiments construits depuis peu.

1. On peut en voir un exemple complet dans la façade de l'église du collége des Irlandais, rue des Carmes, n° 23.

FIN

# FRONTISPICE

*Seconde Partie.*

*Dessiné et gravé par CHARLES NORMAND.*

# MÉTHODE POUR TRACER DES CAISSONS

Dans une voute en berceau.

*Planche 1ère*

*fig 1ère*

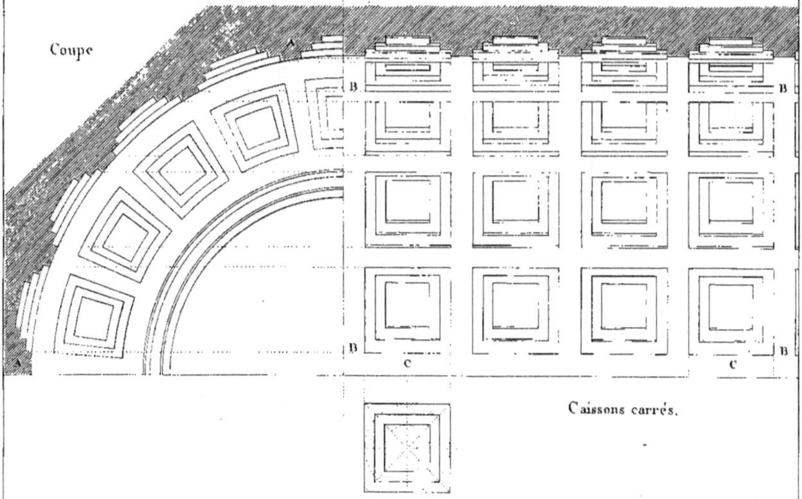

Coupe
A
A
B
B
B
B
C
C
Caissons carrés.


*fig 2.*

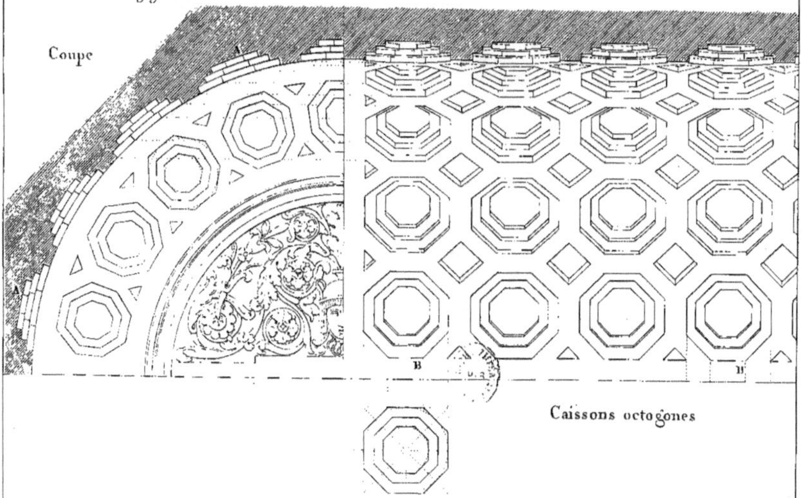

Coupe
A
A
B
B
Caissons octogones

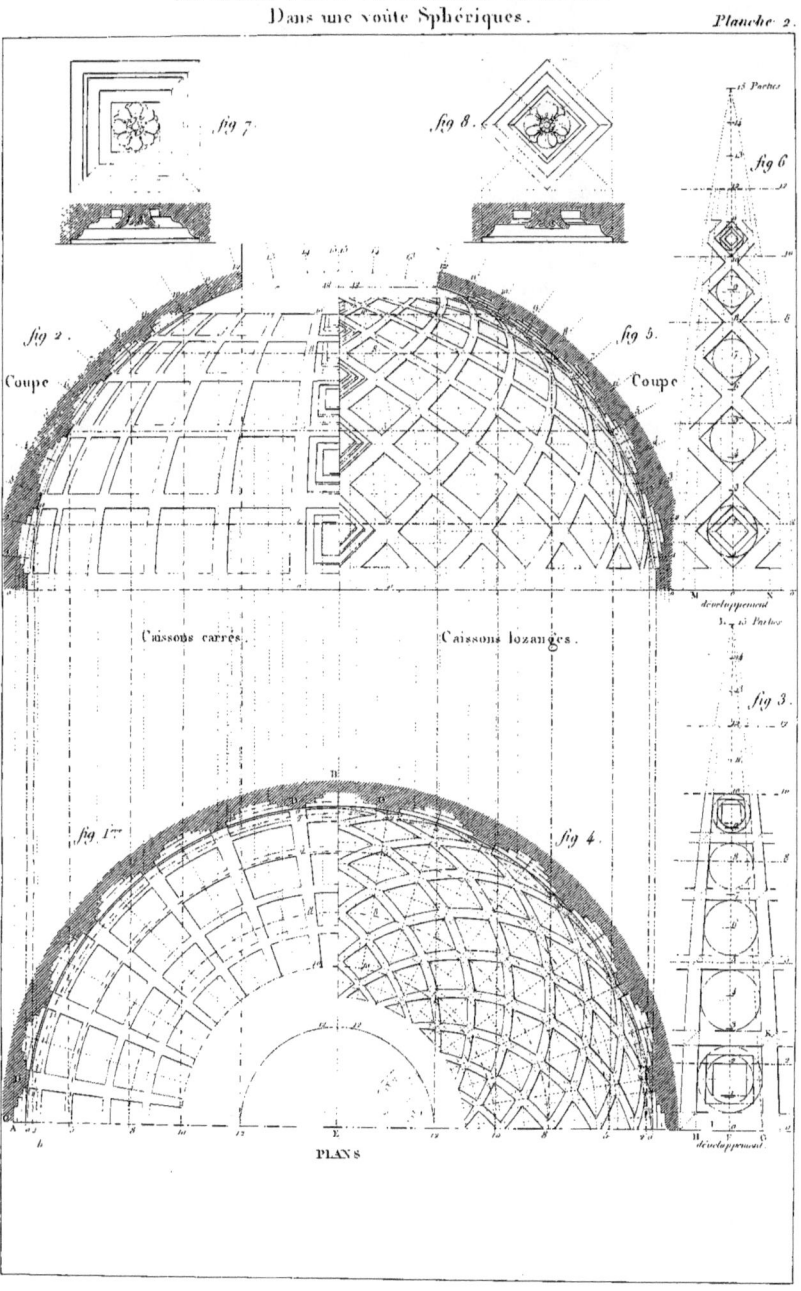

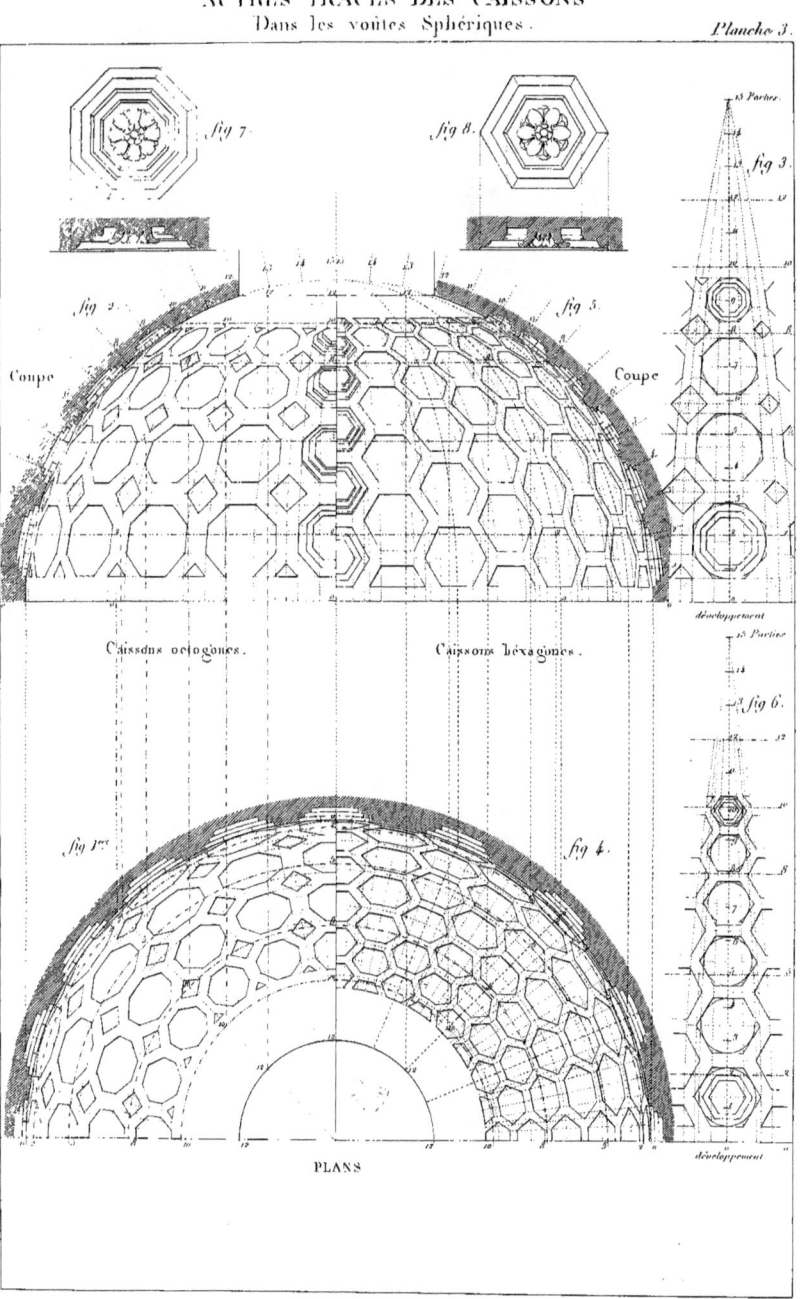

AUTRES TRACÉS DES CAISSONS
Dans les voûtes Sphériques.

Planche 3.

ARCS DOUBLEAUX
et compartiments de voutes.

*Planche 4.*

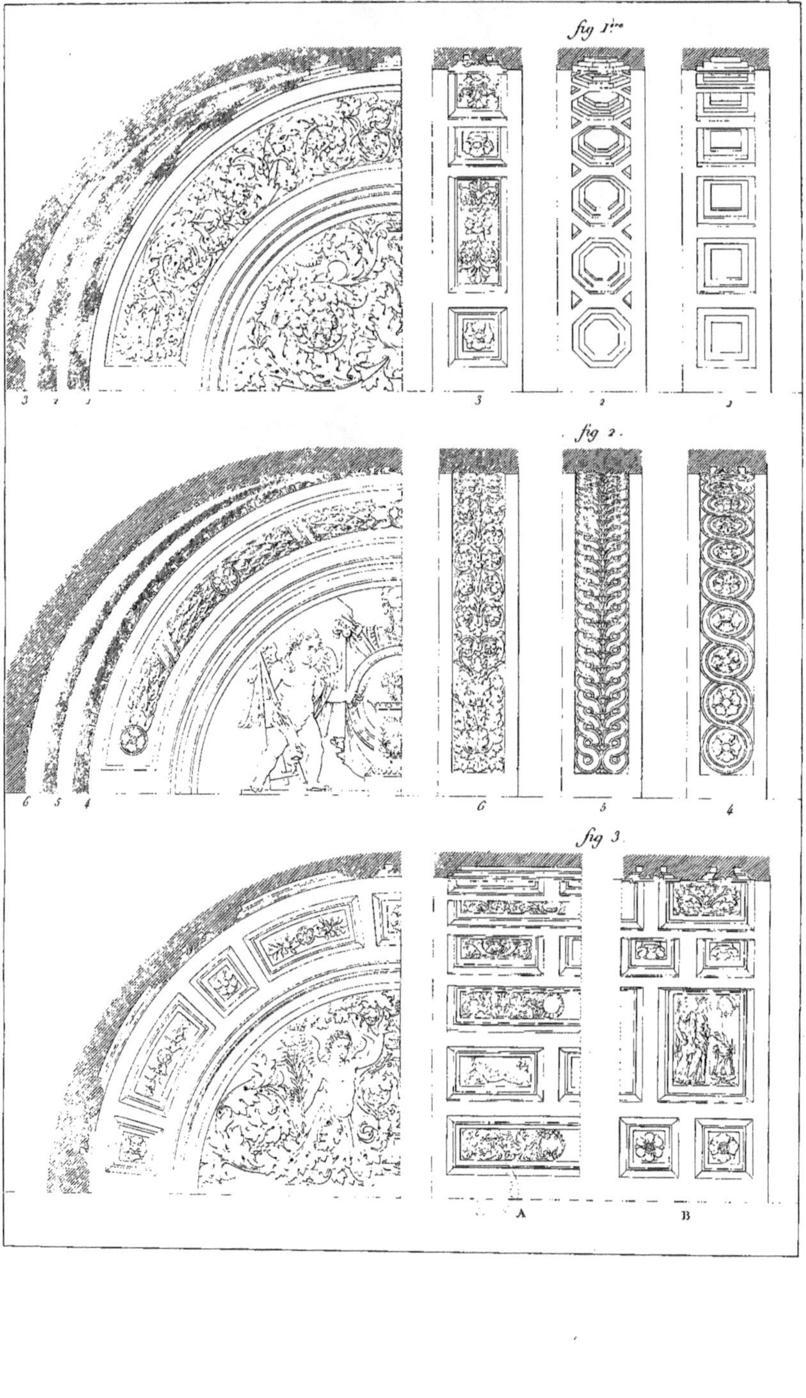

*fig 1.*

*fig 2.*

*fig 3.*

A    B

# VOUTE SPHÉRIQUE
### variée dans ses compartiments.

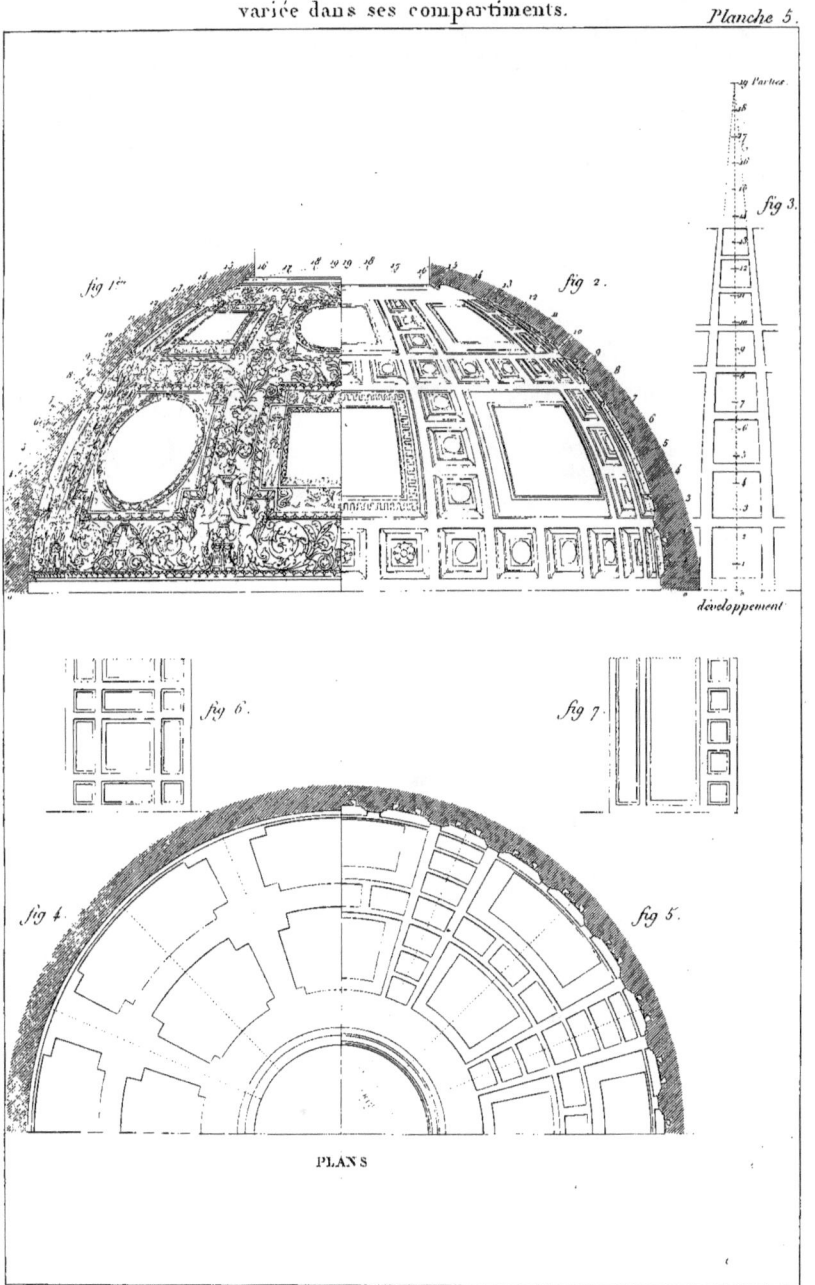

# VOUTE EN BERCEAUX
### et divers détails de caissons.

Planche 6.

# DIVERS EXEMPLES DE CAISSONS
## tirés de l'antique.

Planche 7.

# ORNEMENTS DE MOULURES
## quarts de ronds et talons.

*Planche 8*

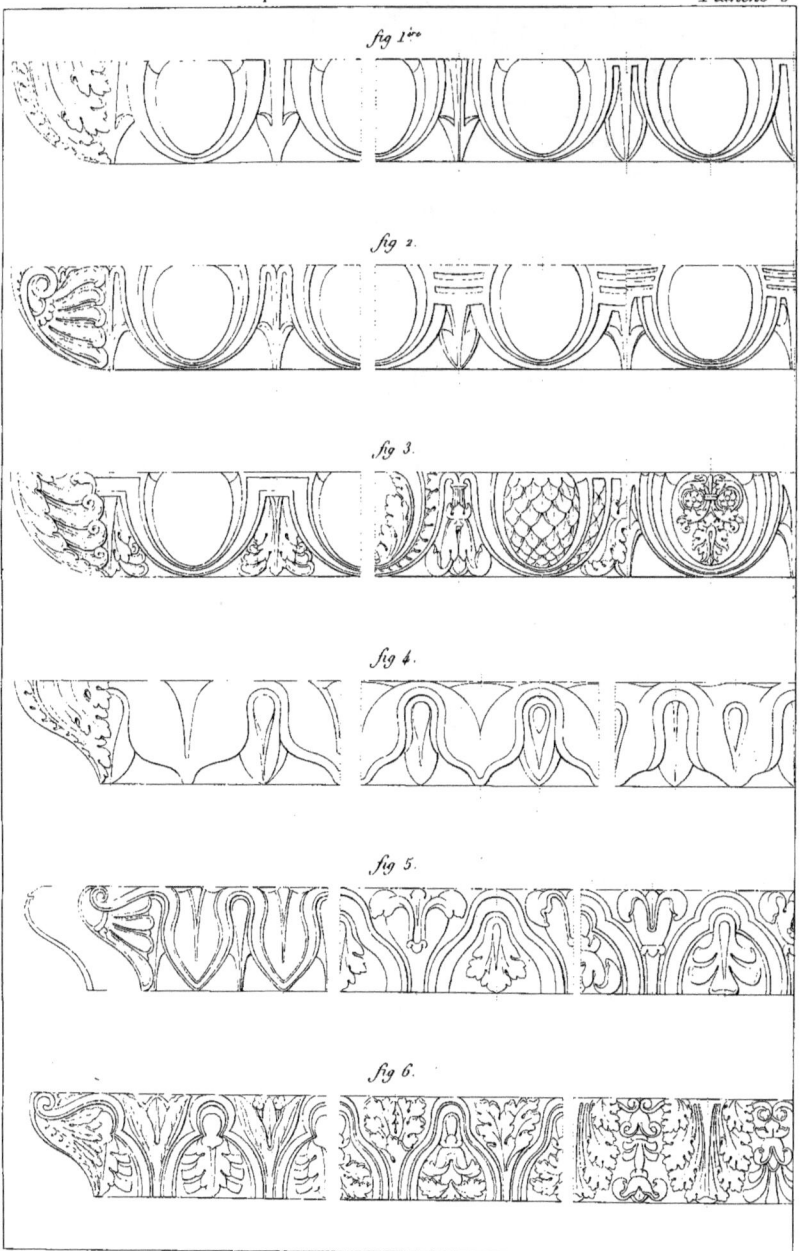

# ORNEMENTS
pour les doucines.

Planche 9.

# ORNEMENTS VARIÉS
pour diverses moulures.

Planche 10.

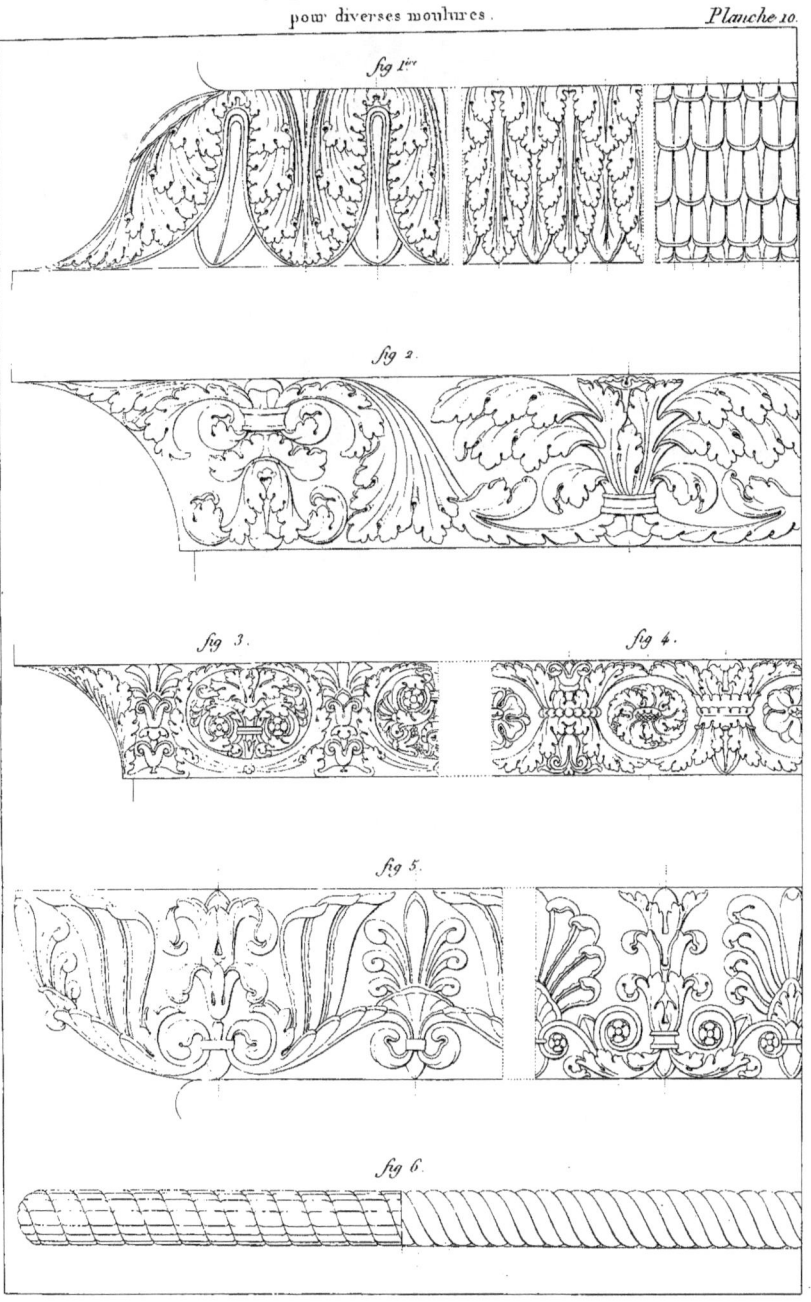

# ORNEMENTS
pour les moulures arrondies plate-bandes et autres moulures. *Planche 11.*

## ORNEMENTS

pour les arcs doubleaux les soffites les frises &c. *Planche 12.*

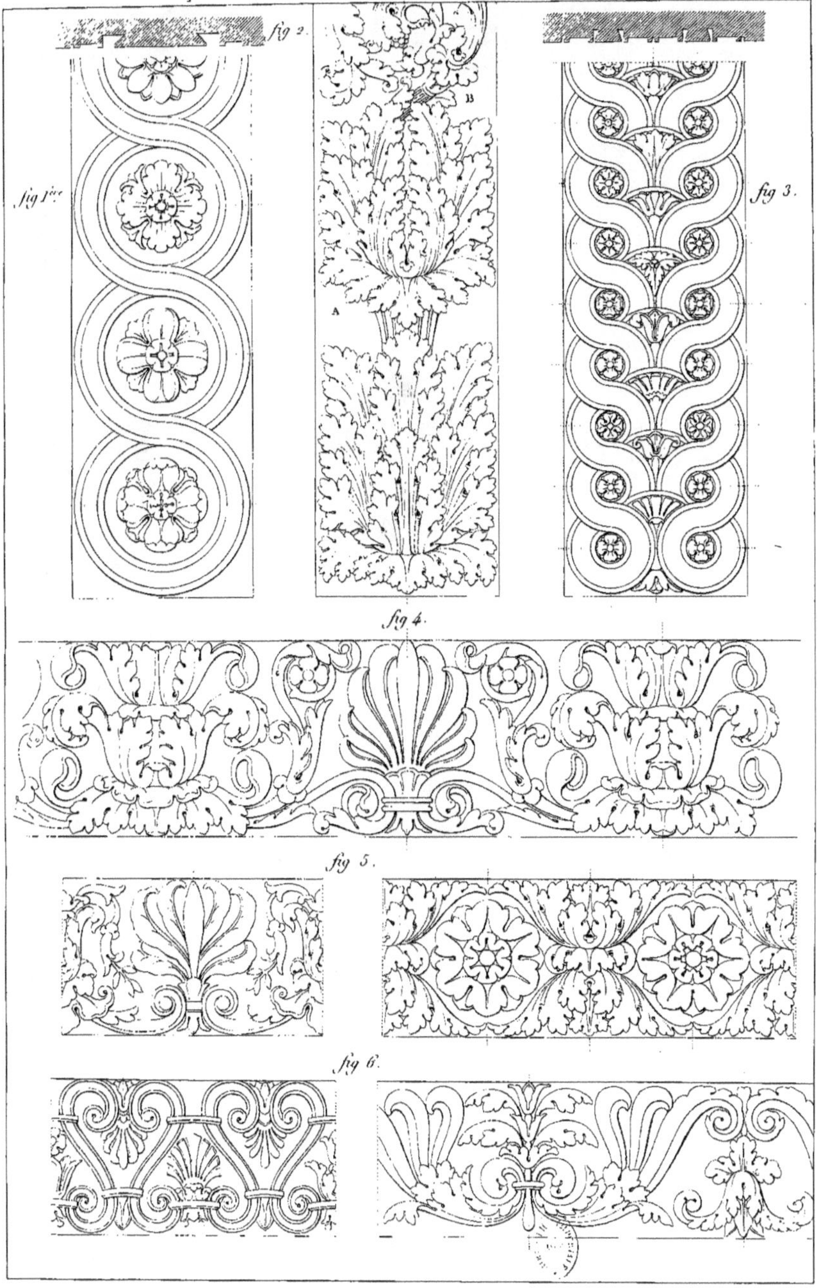
fig 2.
fig 1re
A
B
fig 3.
fig 4.
fig 5.
fig 6.

# ORNEMENTS
pour les soffites, les bandeaux, les plinthes &c.

# COMPARTIMENS
pour les voutes d'arrêtes.

*Planche 14*

Profils des moulures

# COMPARTIMENS VARIÉS
pour orner les plafonds.

*Planche 15.*

# AUTRES COMPARTIMENS VARIÉS
## pour les plafonds.

*Planche 16.*

# SUITE DES COMPARTIMENS
## pour les plafonds.

Planche 17.

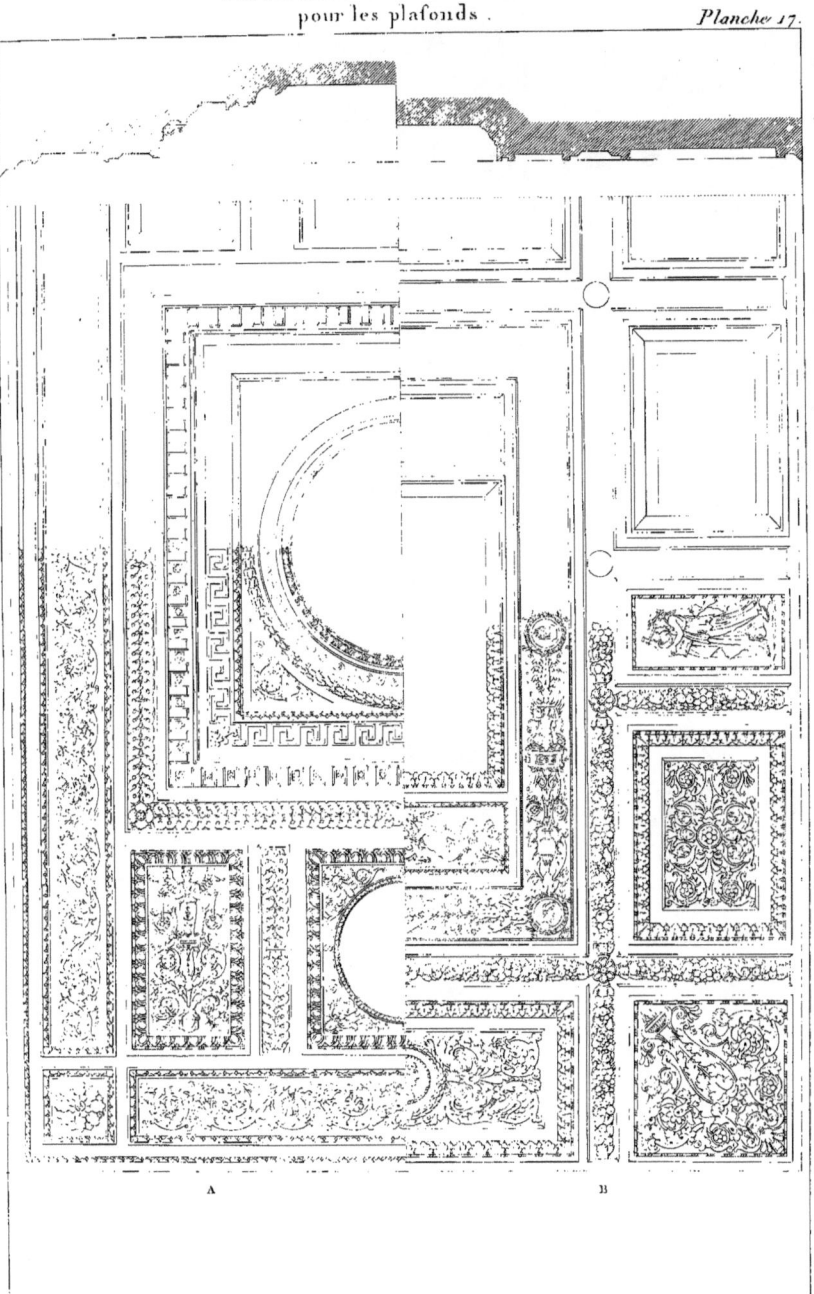

A　　　　　　B

# CHAPITEAUX IONIQUES
### antiques.

Planche 28.

# CHAPITEAUX CORINTHIENS

## CHAPITEAUX COMPOSITES

Planche 20.

à feuilles de persil.

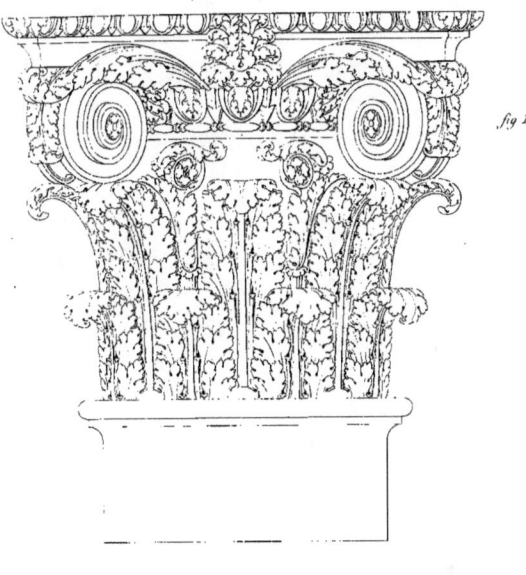

fig 1ʳᵉ

à feuilles de laurier.

fig 2.

# CHAPITEAUX COMPOSÉS ANTIQUES

*Planche 21.*

à S.t Jean de Latran.

*fig 1.er*

Palais mathéi.

*fig 2.*

# DEUX CHAPITEAUX ANTIQUES
## et un moderne.

*Planche 22.*

*du Tombeau de Mylassa.*

*de la Tour des Vents.*

*fig. 1.*

*fig. 2.*

*Imité de ceux de Meudon.*

*fig. 3.*

# BASES DE COLONNES ORNÉES.
## d'après de l'antique.

*Planche 23.*

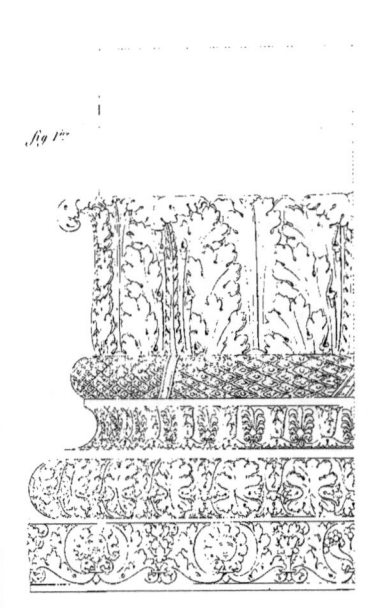

*fig 1.*

à St Paul hors les murs.

*fig 2.*

à Ste Praxède.

*fig 3.*

du Baptistère de Constantin.

*fig 4.*

du Mausolée d'Augusta.

# ENSEMBLES DE PORTIQUES
## ioniques antiques.

*Planche 24.*

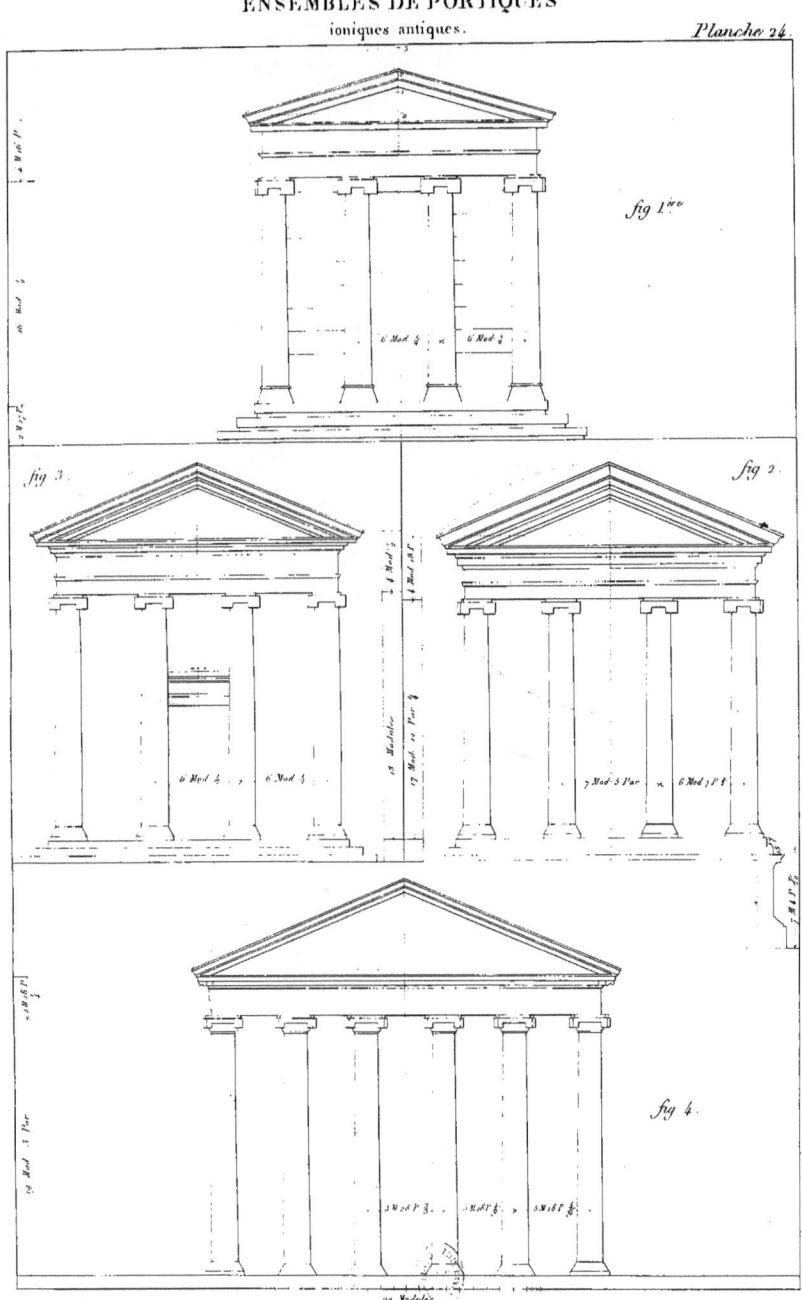

# ENSEMBLES DE PORTIQUES
## corinthiens antiques.

*Planche 25.*

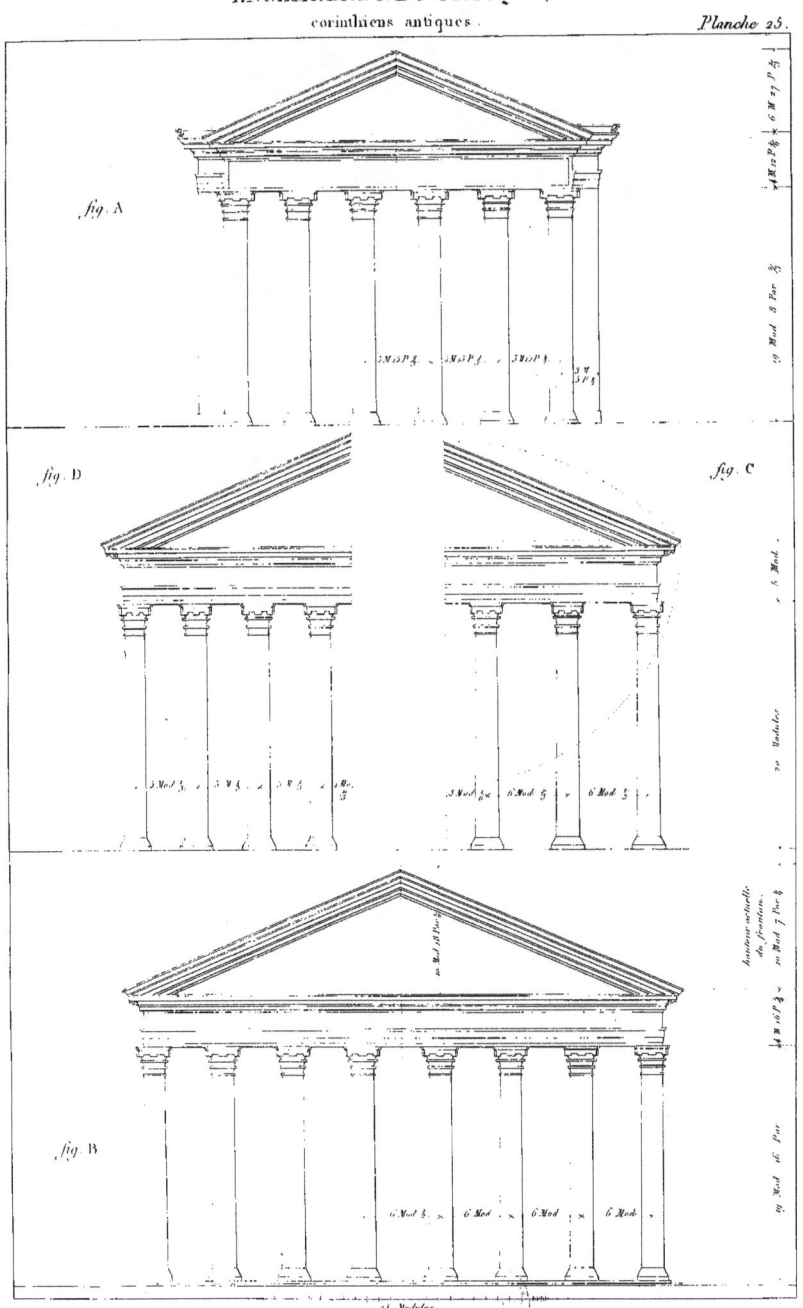

# DIVERS RAPPORTS DE PROPORTIONS
### relatifs aux ordres.

Planche 26.

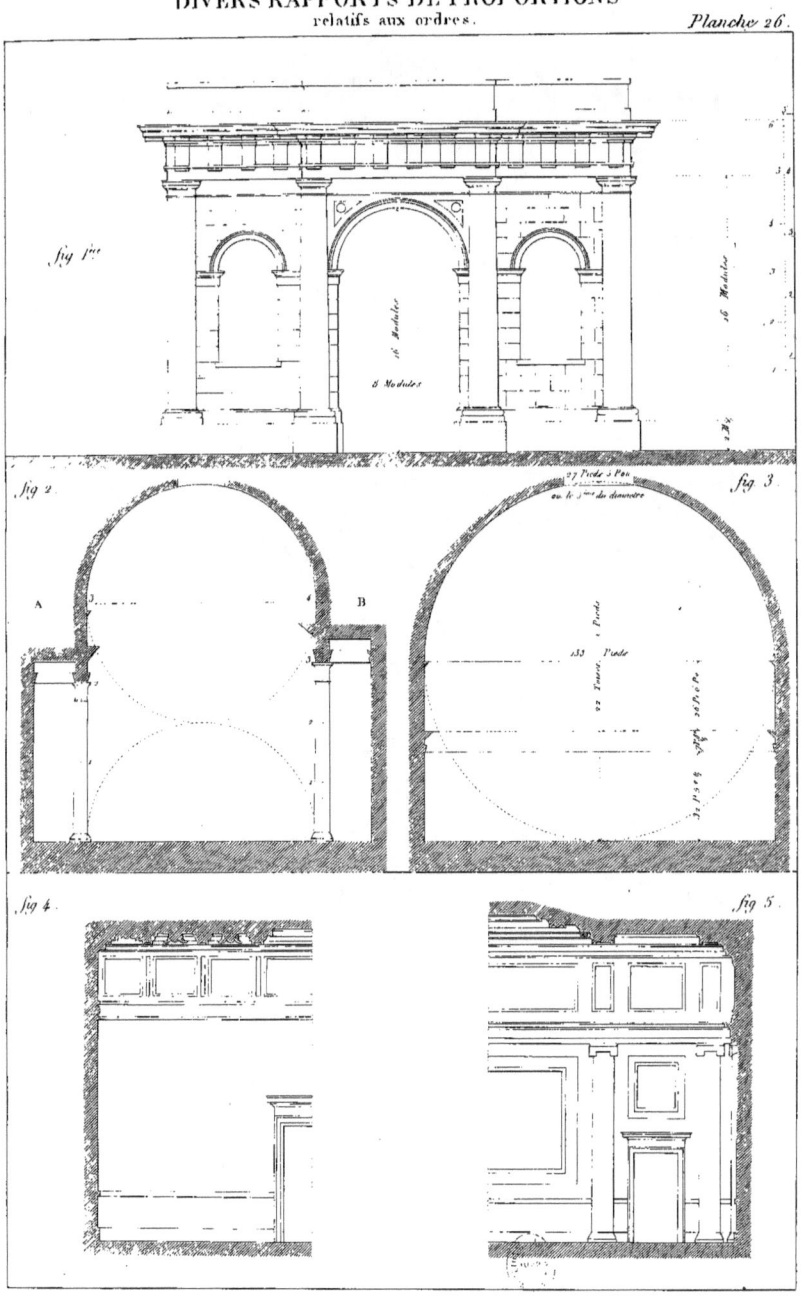

## DE LA DISPOSITION DES VOUTES
### suivant les localités.

Planche 27.

# PLANS DES FIGURES
de la planche précédente.

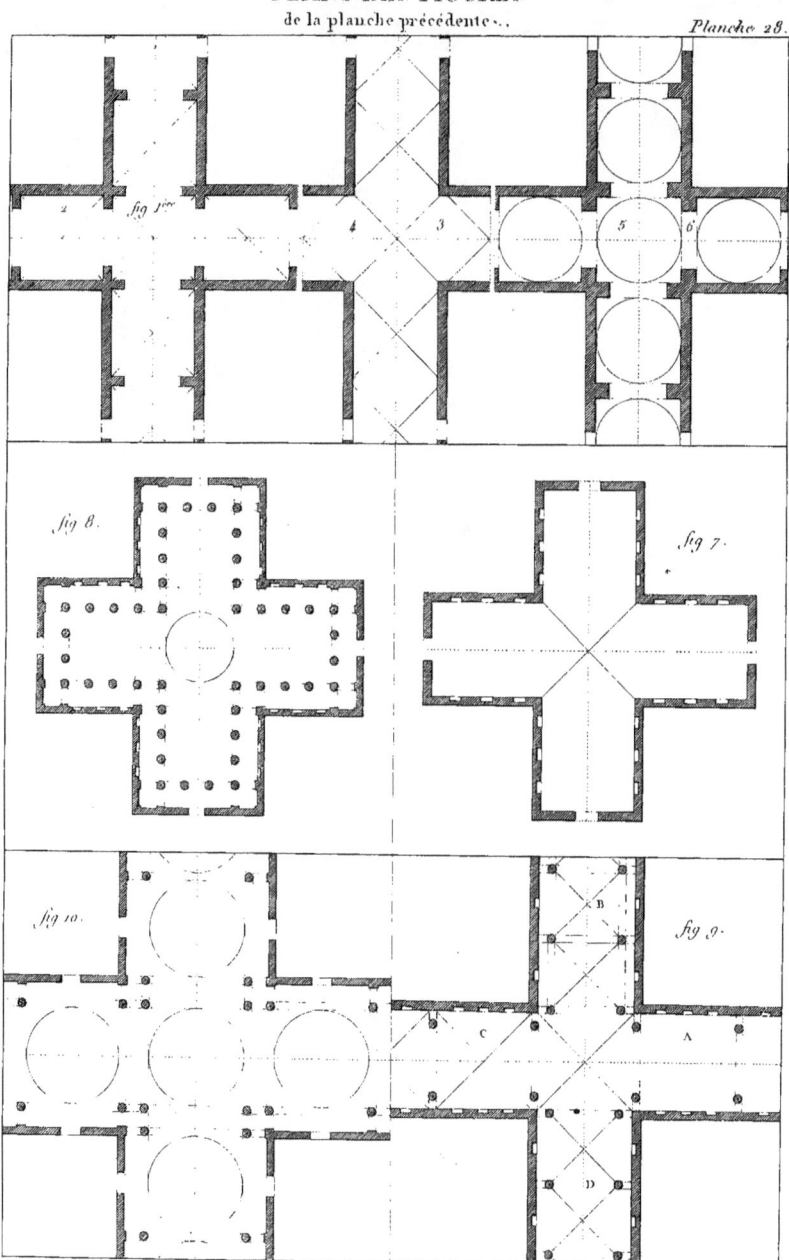

## DU TEMPLE DE LA PAIX
et des thermes de dioclétien à Rome.

Planche 29.

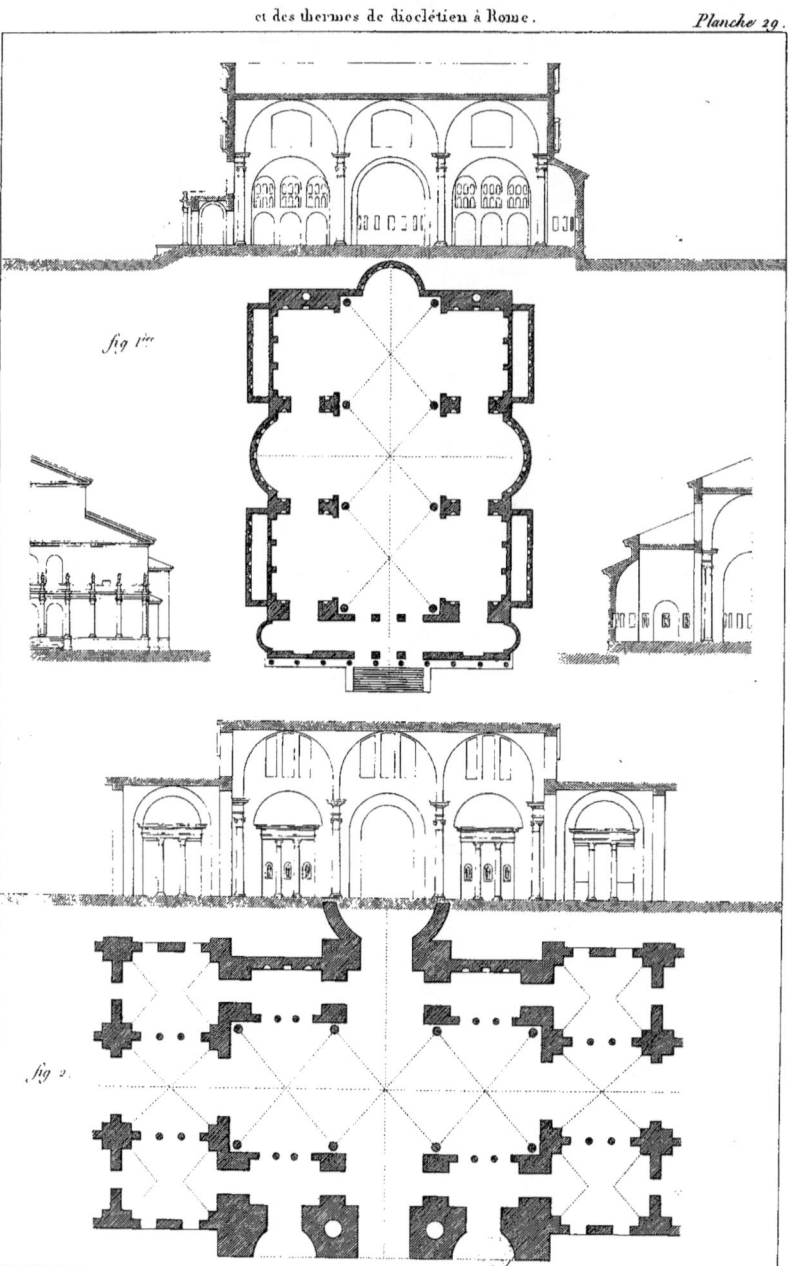

fig 1.<sup></sup>

fig 2.

# ENSEMBLES
et combinaisons variées de plans.

*Planche 30.*

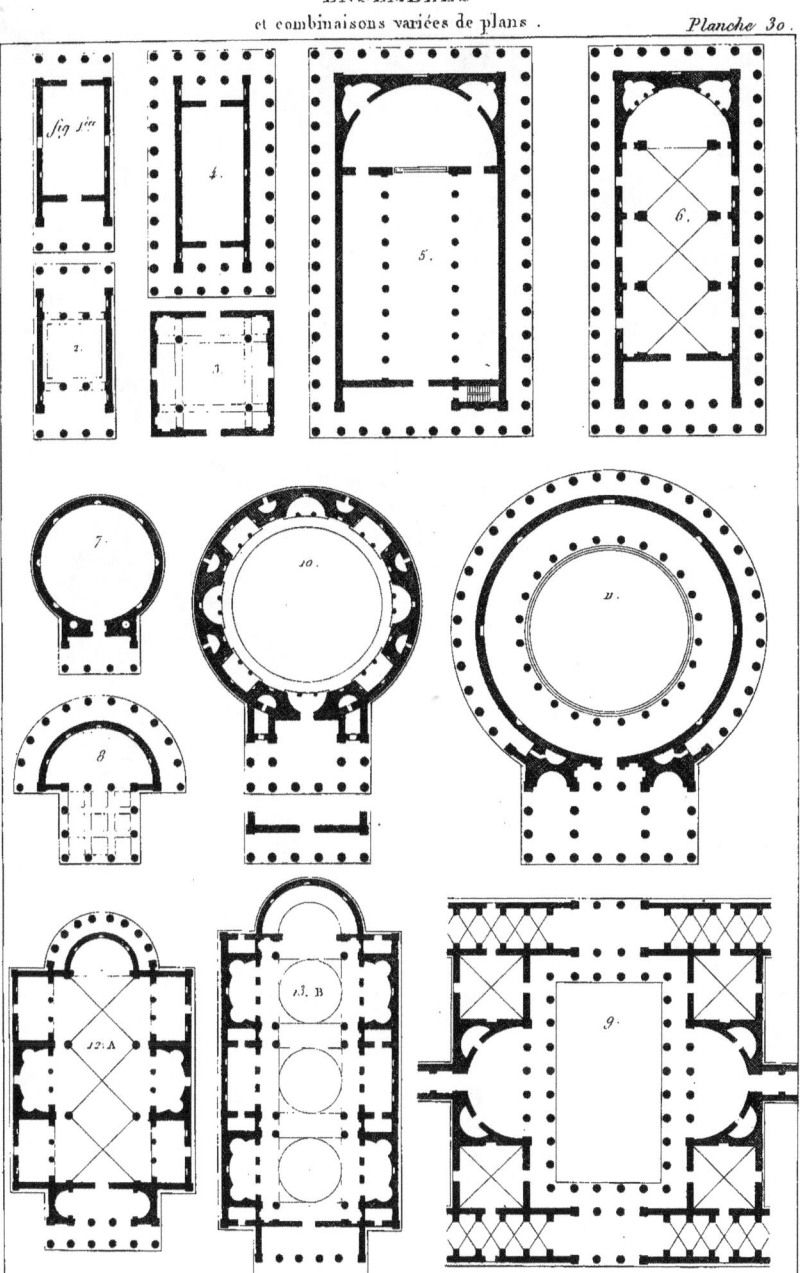

## ÉLÉVATIONS ET COUPES

faites sur les plans de la planche 30, depuis la fig 1ère jusqu'à la fig 9.  *Planche 31.*

*fig 1er.*   *fig 2.*   *fig 3.*

*fig 4.*

*fig 5.*

*fig 6.*

*fig 7.*   *fig 8.*

*fig 9.*

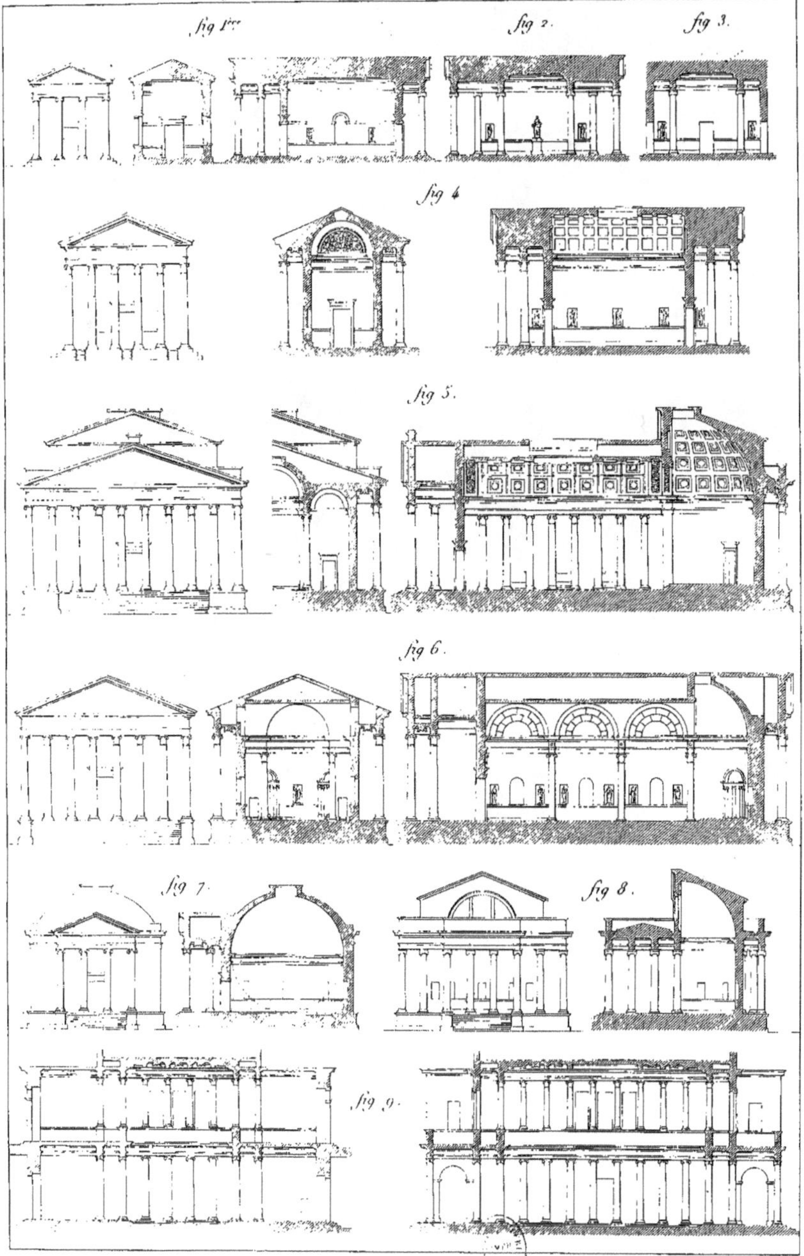

# ÉLÉVATIONS ET COUPES
faites sur les plans de la planche 30, depuis la fig 10 jusqu'à la fig 13.   *Planche 32.*

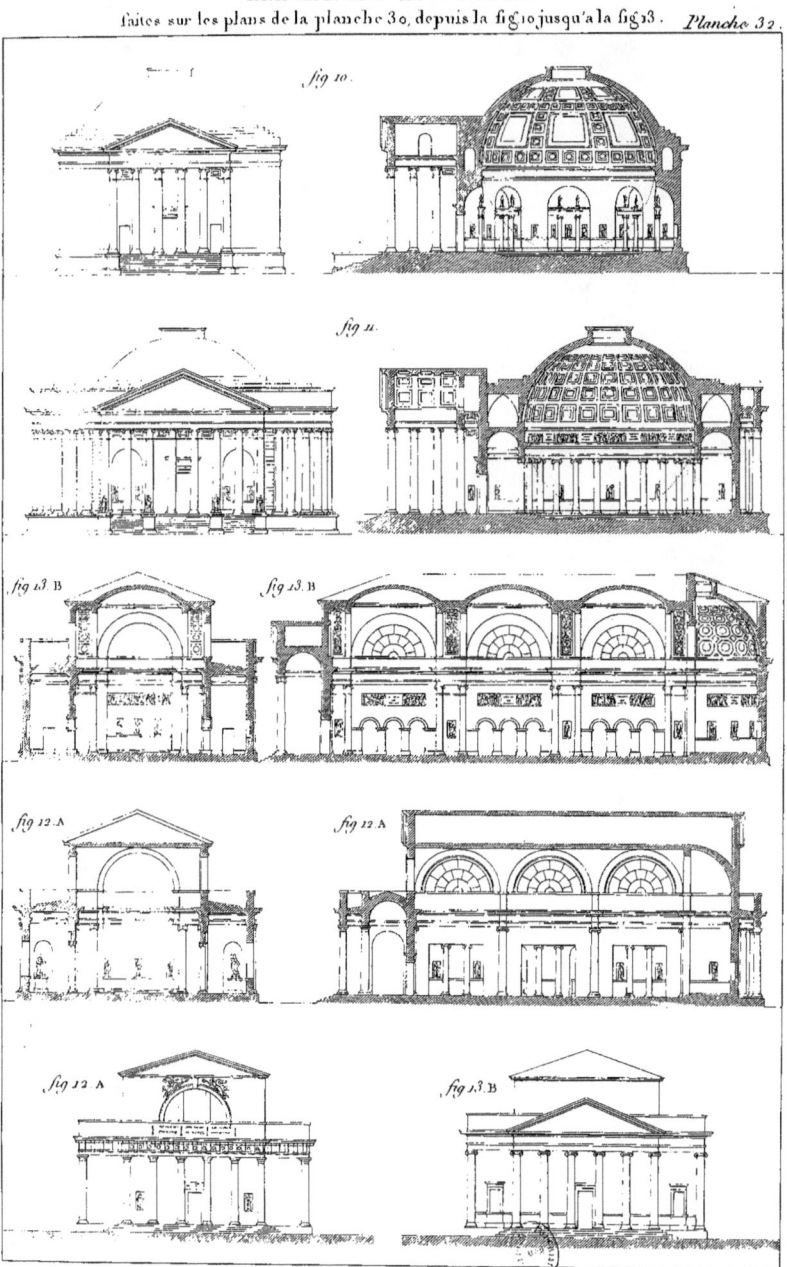

# BAINS
## plan imité de l'antique et plan moderne.

*Planche 33.*

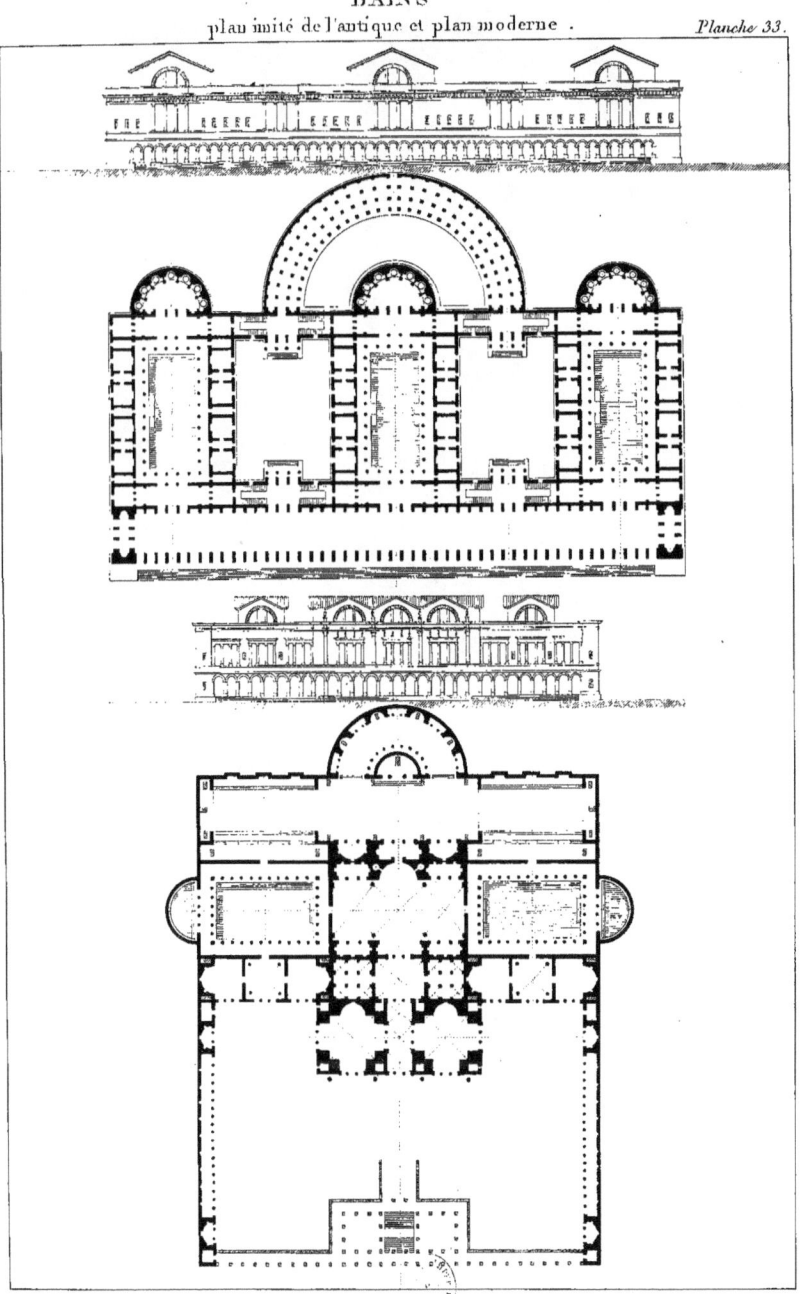

# BIBLIOTHÈQUE PUPLIQUE
## pour un chef-lieu de Préfecture.

*Planche 34*

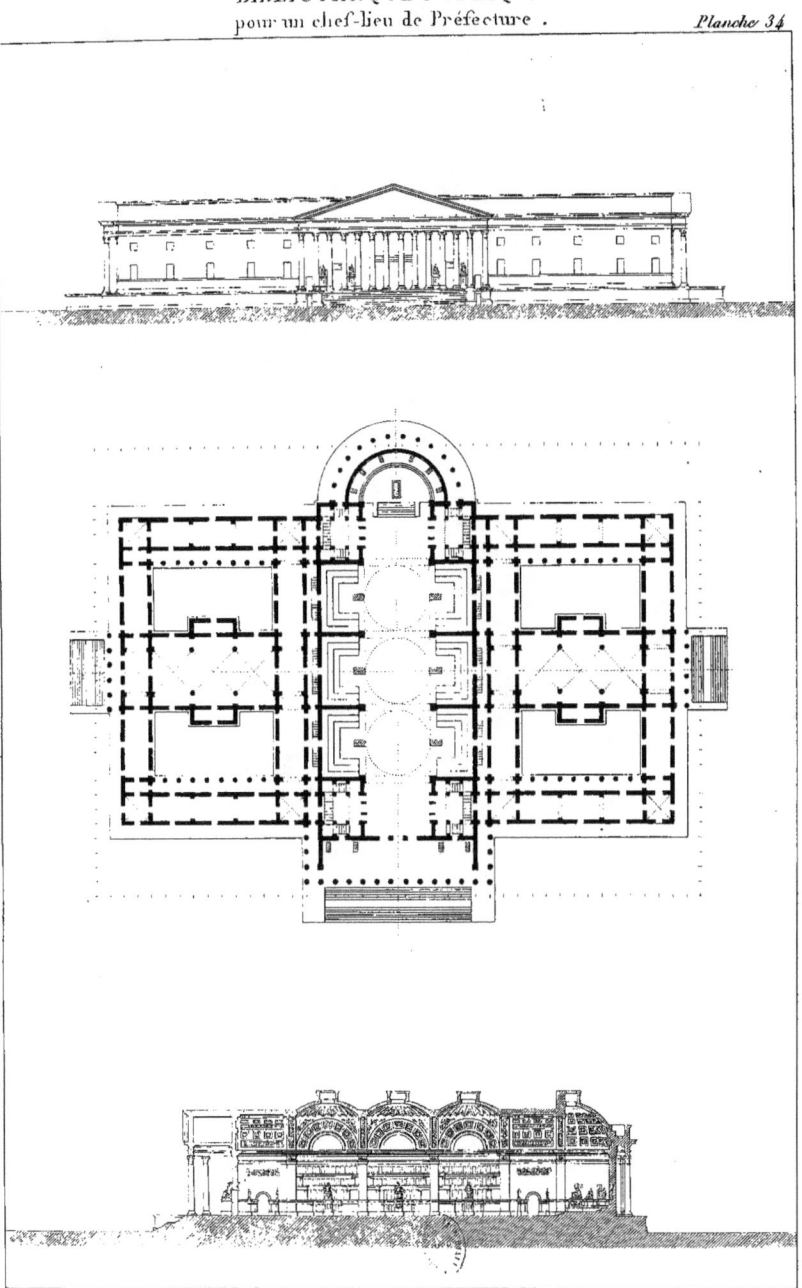

# TRIBUNAL DE JUSTICE
pour un chef-lieu de Préfecture.

*Planche 35.*

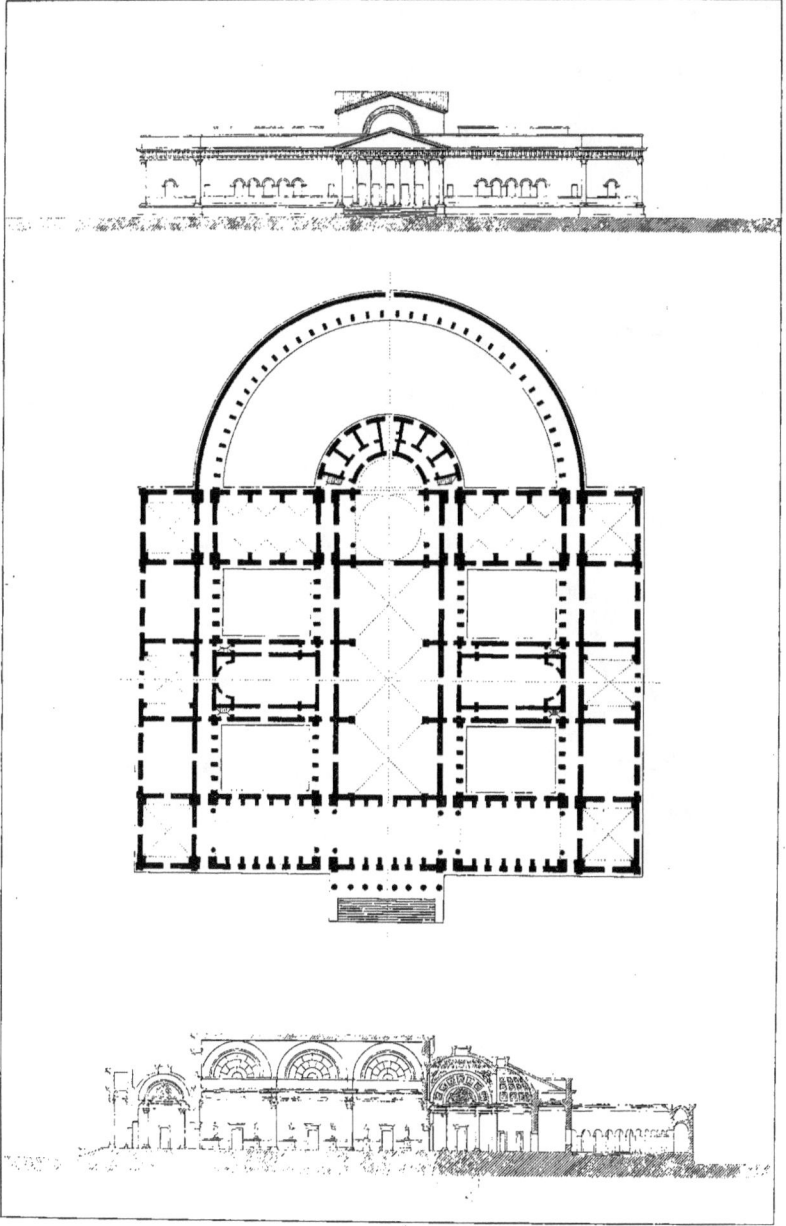

ENSEMBLE DE DIVERSES PIÈCES

Planche 36.

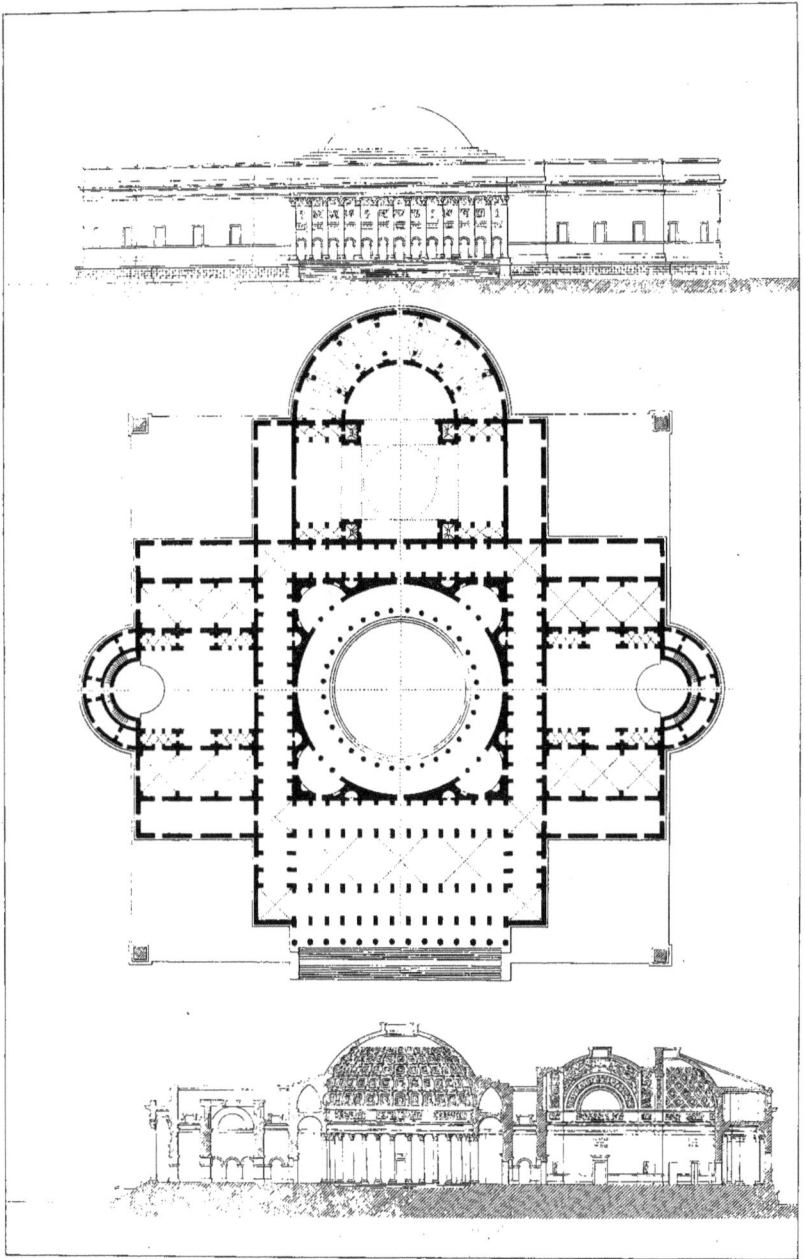

www.ingramcontent.com/pod-product-compliance
Lightning Source LLC
Chambersburg PA
CBHW070300100426
42743CB00011B/2281